直觉心理学

影响我们

做出判断与决定的秘密

[德]安德里亚·乔兰德 著

王恺 译

天津出版传媒集团

天津人民出版社

图书在版编目（CIP）数据

直觉心理学：影响我们做出判断与决定的秘密 /
(德) 安德里亚·乔兰德著；王恺译. —— 天津：天津人
民出版社，2019.6
　　书名原文：Denken Sie jetzt nichts!: Warum wir
instinktiv die besten Entscheidungen treffen
　　ISBN 978-7-201-14685-0

Ⅰ . ①直… Ⅱ . ①安… ②王… Ⅲ . ①直觉 - 通俗读
物 Ⅳ . ① B017-49

中国版本图书馆 CIP 数据核字（2019）第 084777 号

Original title：Denken Sie jetzt nichts!: Warum wir instinktiv
die besten Entscheidungen treffen by Andrea Jolander
Copyright © 2015 by Wilhelm Heyne Verlag,
a division of Verlagsgruppe Random House GmbH, München

著作权合同登记号：图字 02-2018-386 号

直觉心理学：影响我们做出判断与决定的秘密
ZHIJUE XINLIXUE: YINGXIANG WOMEN ZUOCHU PANDUAN YU JUEDING DE MIMI

出　　　版　天津人民出版社
出 版 人　刘　庆
地　　　址　天津市和平区西康路35号康岳大厦
邮政编码　300051
邮购电话　（022）23332469
网　　　址　http://www.tjrmcbs.com
电子邮箱　reader@tjrmbs.com

责任编辑　陈　烨
策划编辑　冀海波　辜香蓓
特约编辑　李　羚
装帧设计　VIOLET

制版印刷　河北鑫融翔印刷有限公司
经　　　销　新华书店
开　　　本　880×1230毫米　1/32
印　　　张　8
字　　　数　150千字
版次印次　2019年6月第1版　2019年6月第1次印刷
定　　　价　46.80元

目 录

前　言

请设想一下：你的一个笨手笨脚的朋友告诉你，他终于亲手在自己的房子里挂上了一幅画。他可能真的对用锤子干活完全不在行，但他最终还是把那幅画挂在了合适的地方。"可是这跟计划差得很远，"他一边说，一边举起他被砸得青紫的大拇指，"你知道不知道，我是怎么弄成这个样子的？"

还有一名一直想健身的女性朋友，终于下定决心着手做点儿什么，于是她给自己报了有氧踏板操训练课程。在她上到进阶课程以后，按理说应该能见到点儿成效了。某一天晚上，她在踏板上上上下下地跳了一个半小时。第二天你问她："训练效果怎么样？"你可能会得到这样的回答："确实挺累的，不过感觉很好。可是你知道什么事情让我想不明白吗？在我终于下定决心将运动捡起来以后，我觉得我可能生病了。因为从今天早上开始，我的小腿就疼得厉害。"

你想得没错，我上面提到的这两种情况的确令人难以置信，当然这些情景都是我自己编出来的。事实上，我们不可能不了解自己的身体发生了什么事情。做运动，肌肉当然会酸疼。谁用锤子敲到了手指，手指都会变青紫。

　　虽然我们能够在第一时间就感觉到身体的不适，但我们精神上的创伤却不易被感知。例如可能你会听到有人说，他总是在深夜被痛醒，因为他总是感到左脚像是被货车碾过一样。由于该症状，他决定去看医生。医生一听就知道他得了什么病，这个病还有一个冗长拗口的拉丁文名字。

　　最终的结果是——他乖乖地服用医生所开出的绝无副作用的药。可是，一旦他忘记吃药，那种疼痛立即就会轻车熟路地找上他。面对这样的情况他非但不会对医生和药物有半分的怀疑，反而可能会说："没有药到病除的治疗方法。"

　　这样的现象到底是基于一种什么样的心理呢？看起来似乎是由于认知规律中的某些原因所影响的，但事实上更接近下面的例子：

　　你的一位女性朋友可能已经精神崩溃过几次，还曾试图自杀过。她周围的人都在问："难道她就没有为她的孩子们想过吗？"

　　一位一生珍惜名誉的政治家，在步入暮年的时候，不再费力地为政治决策向民众做出解释，而是突然开始频繁地找借口并且满嘴谎言。为什么他不再承认自己的错误了呢？

我们还经常在报纸里读到，有的父母折磨自己的孩子，让他们自己慢慢地饿死。我们会问自己，怎么会有人做出如此禽兽不如的行为呢？

电视里报道着大型持械屠杀血案。血案的制造者是一名一直沉默寡言、乖巧听话的男孩。群众在发生血案的地点摆上鲜花与写满寄语的卡片，并反反复复地问着一个问题："这是为什么？"

在一次心理治疗的过程中，参加者知道了这种令他们自己都无法解释的特别症状是如何在他们的身上出现的。除此以外，他们还学到了很多有关的其他东西。通过了解人类心理的工作原理，我们发现人们看待这个世界的方式也与以前不同了。这就像一个美术学校的毕业生看待路边的一棵树的方式与一个普通的散步者是有着本质的区别的。

当然，这是一件非常好的事情。成功的心理治疗不但能够让人们变得更健康，对生活更满意，而且还可以通过减少由于心理问题而导致的身体不适所产生的医疗费用，从而明显减轻医疗保险的经济压力。不过，人们必须先经过心理治疗，而后才能了解我们的身体是如何运作的，才能够明白我们的身体为什么会这样运作以及这个世界是如何运作的。但是这个顺序并不是应有的顺序，尤其是为什么人们必须先经过心理治疗之后，才能获得我们本身就已具备的力量呢？

在最开始的时候——当我们的心理状态健康并且心理机能还能正常工作的时候，我们本来是什么都可以做的，但是我们从来不清楚自己到底都能做什么。不过，有重要意义的是我们可以了解到一点儿人类的心理系统是如何不可思议地、富有独创性地影响我们自己的，什么又会对人类的心理系统产生影响，以及为了让人类的精神状态稳定并正常生活，人类的心理系统又是如何日夜不休地与大脑中的辅助系统合作的，尽管这两者之间的紧密联系在我们看来不但令人费解而且还奇异又脆弱。

在这本书中我想向你介绍我的患者们是如何重新认识他们自己以及这个世界的。

作为一个拥有多年从业经验的资深心理咨询师，我一次又一次地亲眼看到对自身心理系统运作方法的了解是如何帮助患者们重新认识自己并且变得充满爱心的。表达内心的需求并非病态，反而是我们内心中最健康的需求。我的意思并不是这些知识是机密，了解它们的代价也不是先让自己得病。

在过去的几十年中，心理学家与大脑研究者对人类大脑的研究取得了不可思议的革命性新成果，这些研究成果颠覆了所有我们对自身的认识。当我们看到这些让我们对自己的世界观产生怀疑的科研结果时，我们总是会先质疑自己，接下来则会在心中滋生恐惧。事实上，的确有一位读者写信来告诉我，他在阅读过关于人脑研究的著作之后，曾兴致勃勃地向自己的女朋友讲起书中的内容。而女友给他的回应却是，他必须马上停下来安慰她，他讲的这些只会让她感到害怕。

不过你不必担心。在这本书中我不会描写什么恐怖的东西。我可以事先向你保证，阅读本书不会令你感到一丝恐惧，只会让你对你自身产生敬意。

我还记得许多年前，我的第一位女患者在治疗的最后阶段对我说的一段话：

"前几天我想给自己买一件衣服，"她说道，"长久以来，这对我来说都是一件令人灰心丧气的事情。因为试每一件衣服时我都会没完没了地思来想去，这件适合我吗？我穿这件好看吗？而这一次，我一看到这条裙子就知道：就是这一条。这就是我想要的裙子。"

当然，这位患者并不是因为她的购物问题来我这里看病的，她最严重的问题是很难做出任何决定。那个买裙子的故事只不过是整个成功的心理治疗中一个微不足道的小小成果。在治疗的过程中，她学会了如何相信自己的第一感觉，而不是没完没了地前思后想。

在本书的第一部分中，我就想向你介绍与此相关的内容。

阅读以后，你不但能够理解为什么与自己的潜意识和平共处能够在购物的时候节省大量的时间，而且在未来的日子里，你还会懂得如何重视自己的潜意识，因为它同样是我们用于思考的部分，忽略潜意识可能会造成很严重的后果。

在本书的第二部分中，我想向你介绍遵从规则是多么的重要——甚至是多么的健康，并如何延长我们的寿命——最终达到从心所欲的目标。

在心理治疗的过程中，寻找致病原因是至关重要的。本书的第三部分就是关于我们的潜意识是如何产生的以及它们是如何相互关联的，以至于我们生命早期的经验——早到我们还没有记忆时的经验——依旧会在我们成年后影响着我们。

在本书的最后一部分中，你将读到：为了尽早地掌握使自由潜意识健康的方法，我们今天都有哪些可能性？为什么一直到今天人们对此的了解还是这样少？为什么一定要等到自己患上严重的心理疾病时，人们才会学习这些我们早就该了解的知识？

与我的著作类似的书籍——将关注的重点转向我们自身——在心理学、心理治疗以及大脑研究领域至今还并不多见。不过，即使是你已经对这个问题有了深入的了解，在阅读我所提到的具体案例的时候，仍然会涉及这样或者那样有趣的新知识。

对于热爱阅读像数学教科书一样的工具书的读者而言，我这本没有公式定理可循的书可能不合他们的胃口。我是一个喜欢东拉西扯的人。在讲述某个问题的时候，可能会随性地说到别的地方去，或者在有意思的部分多说几句。我用了超过三分之二生命的时间研究潜意识。就我所积累的经验来说，潜意识并没有明显的结构，它总是与身体的其他部分共同工作。解释起潜意识来，常常会发生这样的情况："对了，还有……"

当你读毕掩卷，你就会理解你身边的那些人，甚至是那些你只能从报纸上读到有关他们报道的人，为什么会成为那样的成年人，为什么会做出那样的行为了。更重要的是，你在以后的生活中会重视并尊重自己的潜意识，接受它是你自己的一部分这个事实。

那么就请你随我一起来了解一下我们不可思议的身体的一部分——我们的大脑吧！

第一章

直觉与潜意识

感官与本能如何影响我们

　　人类的体能极限在哪里，并不是本书要讨论的问题。对于身体的潜力我们已经知道很多了。假如我们想在某些特定的方面继续深入了解，还有《吉尼斯世界纪录大全》可供查阅。在这里我要讲的不是身体，而是在人类大脑中发生的事情。

　　本书中所要讨论的所有能力都有一个共同的特点——它们能够在不知不觉中控制我们的行为。初看起来，这样的表述无论如何都不能让人感觉舒服。不过随着你对此类能力认识的逐渐增加，你就会越来越清楚，它们不但不会控制我们，反而是在为我们服务。

　　或许可以举一个看起来不太恰当也不十分符合时代情况的例子：几乎每个人都梦想在辛苦工作一天以后，有一大群仆人在家等着伺候你。厨师、园丁、侍女、清洁工、司机，要不要再加上私人健身教练和按摩师？事实上，这个比喻对我们理解这些看不见的能力非常有帮助——它们就像一大群隐形的仆人，替我们完成大量的工作，防止我们犯错，甚至在某些方面比我们自己要优秀得多。

让我们先来看一下那些跟我们的心理可能还没有直接联系的领域。我们不妨先从感官知觉开始。没有感官知觉我们什么也做不了，没有它们我们只能猜测。

就以一个大多数人都认为可有可无的感官知觉为例——嗅觉。在我们患重感冒的日子里，病情虽然会造成各种不舒服，但是最让人难受的还是鼻子的严重堵塞，不能正常呼吸。病情导致的嗅觉失灵让我们即使在吃最喜爱的食物的时候都味同嚼蜡。不过除此以外，没有嗅觉好像并不影响我们的日常生活。

那么感官知觉到底做出了哪些不可忽视的贡献呢？

不言而喻，倘若关系到后代的繁衍，并要尽可能地实现最优基因配对以保证后代在未来的生活中尽可能地减少患病的可能性时，我们人类都能够凭借本能找到与自己最为相配的另一半。虽然我们自己并没有意识到，但在处理这个问题上，我们自然而然地在运用这个能力的时候，而我们自身根本没有意识到——嗅觉能够将那些散播在空气中的携带基因信息的荷尔蒙捕捉到。

比如说，相较于自己的或者与其自身免疫系统相似的男性的T恤衫，女性更偏爱闻那些与自身免疫系统差异较大的男性的T恤衫。父母两人免疫系统间的差别越大，他们的子女就越有可能拥有比父母双方都强大的防御疾病的免疫系统。由于有关于此的话题总是各个媒体报道的热点，所以我猜你可能会说："啊，我可是听说过恰好相反的观点……"

别着急，我上面所说的并没有错。这个规律不仅适用于寻找配偶，也适用于寻找朋友。让我们来看一看那些跟我们自己基因构成极其相似的人吧。倘若只考虑免疫系统，人类鼻子所设的择偶条件是差异越大越好。

在我们的身边常常有这样的人：他们特别让我们喜欢，他们待人也特别友好，还能懂得我们的幽默，更不要提他们秀美帅气的外表了。可是，不知道为什么他们只能做我们最好的男性朋友或者女性朋友，永远也不能变成我们的人生伴侣。当然，这里不排除心理因素的影响。可是，不能忽略的还有我们的鼻子跟大脑。它们小声地告诉我们：别选他/她，从免疫系统的角度来看，你们共同的后代并不是那么理想。

人类自己并不能感知这个能力，即便是那些参与研究的测试者也没有觉察到这个能力是如何工作的。在我们对参与嗅觉测试的人与T恤的穿着者进行血液测试以后，配对结果才在认知层面又一次证明了人类嗅觉的能力，即便他们并不能感知自己的本能是如何站在免疫系统的角度上为他们找到最为相配的配偶的。

现在你也许会问，那么我们为什么还如此愿意用香水或者剃须水把自己涂得香喷喷的呢？人类对芳香剂的研发实验早在几千年前就开始了。这么早就出现的实验发明应该不是为了阻碍人类繁衍后代的吧！

这是一个有趣的问题。研究者们同样也发现了这个有趣的现象。那他们又研究出什么样的结果了呢？人们喜欢的香水味道正是那些能够突显自身免疫系统荷尔蒙的味道；而那些达不到如此效果的香水味道，则让我们觉得非常难闻。

人类自身拥有这样的能力，又有什么值得让我们自己惊讶的呢？相较于自己，我们更相信动物的这个本能。也许你曾经听说过，狗能够凭借嗅觉发现乳腺癌。顺便说一句：其实在这个领域里，我们人类也并不是那么差劲，因为通过闻T恤衫上的味道，我们至少能够断定哪个人被细菌感染了，哪个人没有。你知道我们有这个能力吗？

或者你听说过临终关怀医院里的猫。它们能够预知谁会在接下来的几小时内去世以及谁会在生命最后的阶段依旧坚强不屈。不仅是猫，还有鸽子，它们都能依靠自己的鼻子从陌生的地方找到回家的路。为了防止寄生虫的侵袭，麻雀与其他雀科的鸟类用香烟尾部搭建自己的窝巢。所有这些事实向我们所展示的现象不只是一个小小的奇迹，动物们——即使是那些根本不引人注意的小虫子，它们所拥有的神奇能力也比我们所了解的要多得多。

导致我们人类不相信自己拥有与动物同样的能力的原因与大脑科学家安东尼奥·R.达马西奥所命名的"笛卡尔的谬误"密切相关。笛卡尔是一位十七世纪的法国哲学家。他举世闻名的格言是：我思，故我在。

至今，我们大多数人仍然深信：我们之所以为人，是由于我们拥有高超的思维能力，也正是思维能力将我们与只能做出本能反应的动物区分开来。我们情愿被这种猜想所蒙蔽，坚持自己是理性的物种，坚持我们的所作所为以及决定都是经过我们深思熟虑的结果。结果就像我们马上要看到的一样，这个想法让我们陷入无以复加的错误境地。即便没有功能强大的大脑，重要的决定依然会被做出（就像选择有强大免疫能力的伴侣）。这些在不知不觉中做出的决定，简直是对我们信念的最大讽刺。

除此以外，我们的鼻子与大脑还会在我们意识之外做出决定——这些决定甚至涉及那些根本不会在我们的生活中出现的人。请看下面这个试验——是关于实验对象对 T 恤的嗅觉感受的，试验参与者能够仅仅通过嗅觉就断定一件被穿过三天的 T 恤是一位男士还是一位女士的。

是的，之所以能出现这样的结果，是由于我们有识别荷尔蒙的本能。如果再经过一些简单的训练，参与试验的进阶选手甚至能够通过嗅觉辨别出穿过这件 T 恤的人的年龄以及某些特定的性格特征——至少是那些由荷尔蒙影响的性别特征。当然，这些人们是蒙着眼睛参加试验的，这也同样更让他们坚信试验的结果。

仅仅凭借嗅觉就能够找到适合自己的生活伴侣，这个事实听起来真是激动人心，只是我们人类并不了解自身所拥有的这个能力。不过，这一事实也不值得我们对此感到特别难过，因为我们只是还没有将其纳入自己的意识之中。

无论如何，潜意识无时无刻不在发挥其功能。除了上文提到的能力以外，潜意识的其他能力也令我们感到惊奇，只不过我们还没有认真地思考过这些现象。举例来说，很多人都能做到在没有闹钟叫醒的情况下，准时在他们需要醒来的时间醒来。

棘手的事情是，我们无时无刻不被潜意识所影响，却依旧坚定不移地选择不相信它的作用。我们之所以会怀疑潜意识的作用，是因为我们有意识的思考还没有学会如何与这种来自大脑最深处的能力相处。本能只是我们能够命名的所有这些能力中的一种。还有那些我们更多地认为只有在动物身上才会出现的能力——当然，仅仅是这一点点的本能对我们人类来说简直是太微不足道了。只有当我们在完全不加思考的情况下，做出一些不但完全正确而且甚至可能是救了我们的命的决定时，我们才会惊奇地说：这纯粹只是本能。

我自己也曾有过上述的经历。有一次，在高速公路上，我差点被一辆小型货车撞飞。货车司机从后视镜中（也可能是后窗）估计错了我们之间的距离。我的车开始转向的时候，我看到货车的前保险杠已经直直地向我冲过来。在这千钧一发的时刻，我居然还能思考。

最令人不可思议的是，当时我一点儿也没有慌张。恰恰相反，在那一刻，我感觉我的行为完全不受情绪操纵了。我唯一的念头就是再次将车控制住。直到我终于找到了一个高速出口并把车开出去以后，后怕的感觉才轰然将我包围——我刚刚从死亡的边缘逃脱，而且对于那个行为莽撞的货车司机的愤怒也不可抑制地冒了出来。这两种情绪混杂在一起，导致我不得不先将汽车停到路边休息一会儿。

虽然这件事情发生在大约三年以前，但是即使直到今天，我依然惊叹于自己的潜意识在当时做出的果断决定。它是如此毫不犹豫地终止了我的所有情绪，因为它们有可能对我的自救行为产生干扰。

事后，我对自己的反应能力相当吃惊。在当时的紧要关头，当我的意识能够支配我的身体做出应有的反应以前，我的身体不但已经自动做出了正确的反应，而且还能运用娴熟的驾驶技巧使我免于遇难。这是我虽然知道但却不能理解的事情。警报信息（红色警报！有生命危险！）出现在我大脑的另一个区域，在支配视觉与行动的区域做出反应以前，这个区域早就将决定付诸行动了。与之相反，我们用来理解并接受外界信息的大脑区域，在一百五十毫秒以后，才不紧不慢地缓步走到支配身体的位置上去。

你肯定也在自己的生活中经历过相似的事件。事件发生后，大多数人依旧会认为，于潜意识实在是没有什么好多说的，而所谓潜意识就是那些一般来说"处于沉睡"的意识。可是事实却完全相反：潜意识每天工作二十四个小时，即便是我们晚上睡觉的时候——也就是我们的主观思维休息的那七个小时，潜意识依旧在工作。

在这段时间里，潜意识在大脑中就像听话的小学生一样不知疲倦地复习新学习的生词，一遍又一遍地重复着学到的新知识并最终牢记。如果有谁以自己睡觉时间少为傲的话，那么他一定不了解人们在睡觉的时候会比清醒的时候更能有效地处理各类信息。

我们的大脑甚至会在睡眠中尝试修复我们的心理创伤与心理疾病，特别是在我们做梦最为密集的那一段睡眠中。只不过在第二天醒来以后，我们只能记住一部分梦，大部分内容则完全不记得了。为了防止我们一遍又一遍地回想梦中发生的情景，与自己纠结不停，不仅我们的肌肉会在我们熟睡的时候帮助我们忘记梦的内容，就连大脑中负责记忆的区域也会在做梦的时候关闭。

如果你愿意的话，也可以学习如何有意识地操纵梦境。前不久我就刚刚听说，有一种程序能够在种子选手运动员夜晚的梦境中令其反复温习动作的衔接顺序，以达到帮助他们在睡梦中优化其整个动作过程的目的。这些运动员在梦境中接受训练，而他们的身体却处在熟睡之中。虽然这一部分与正常做梦程序并无不同，但是这些运动员们却可以学习观看自己的梦境。

由于人类对自己的脑袋里发生的事情并没有正确的认识，所以我们自然而然地认为激发潜意识的条件就是获得自主活动的权利或者被外界要求做出反应。有这样想法的人，绝对是笛卡尔先生的门徒。

没有什么能比发生这样的事情更不合理的了。我们一厢情愿地认为人类的意识——人类自身的一部分在统领着我们思想。然而正如我们刚才读到的，统领我们思想的的确另有其人。

我想我已经罗列了足够多的理由，可以用来解释研究者们到底是出于什么样的原因才会对所谓的本能进行研究。

我们之所以否定自身本能的力量，或许只是因为失去了与它的联系，而人类又是如此自负地相信自己的判断力。这里显而易见的逻辑是：动物在整个生命过程中做出的所有决定都没有经过大脑的思考。当然，科学研究者们早已对该说法表示过怀疑，因为越来越多的事实已经证明，动物也是有思想的。

动物们时不时地就向人类展示自己所拥有的，也是我们根本没有想到过的能力，因为，我们更愿意相信这些能力是人类所独有的。乌鸦将核桃放到经常有汽车开过的十字路口，只为了让来来往往的汽车将其碾碎。它们静待汽车开走后，再安安静静地享用加工好的美味。雄性叶鸟通过建造美丽的花园，吸引雌性叶鸟来与它们交配。

还有一类叶鸟，它们甚至能够将分叉的树枝当作刷子使用。当然，它们也能找到充当颜料的东西，然后将自己的羽毛染成漂亮的蓝色。一名男性能够建造房子，搭建花园，还有一手打扮的好手艺，这在女性看来，绝对是好丈夫的典范了。

我们时时惊讶于动物的行为能力——为什么它们总是能在

任何一个时刻都能准确地知道什么是对自己最好的？为什么我们人类却只能拥有与动物相反的特质，不停地做出错误的决定，遗失了自己的本能？这两个论断不仅仅非常没有逻辑——而且是完完全全地错了。

只有涉及最重要最基本的事情的时候，我们才会听从自己的本能所做出的决定。对所有的物种来说，种群的延续就属于最重要且最基本的事情。至少在欧洲中部，依照科学家们提出的观点，人类并非从一开始就以现在的样子出现在地球上的，我们是由我们的动物类祖先进化而来。而如何繁衍自己的后代，对我们的祖先来说，绝对是依靠本能而实现的。假如我们现代人类完全遗忘了这个本能，那简直是不可想象的。

在这里，我想举两个例子。准确地说，它们正是人类本能的例子，而我们却把它们称作父母的行为方式。

这个例子是关于初为父母的人的行为的——当然不限于此类人群。他们在面对自己孩子时所采取的行为在全世界范围内都会以相似的方式出现。

第一，当他们跟小婴儿说话的时候，都倾向于将婴儿抱在距离自己大约二十厘米左右的地方；第二，他们用自己特有的语言跟婴儿说话，这种语言常被我们称为婴儿语言——从来没有人告诉过他们，当他们抱着婴儿的时候，应该保证从成人的鼻子到婴儿的鼻子的距离是二十厘米，因为那里是婴儿视力的最佳区域。不，他们不需要被告知——这是人类的本能。

　　这种特有的语言被美国语言学家称为"乳母语"。在很长一段时间里，"乳母语"一直被不好的名声所笼罩。科学家们曾经怀疑，如果父母用这种近乎愚蠢的胡言乱语，没有逻辑的方式与婴儿说话，会阻碍幼儿语言的发展。幸运的是，我们最终还是理解了这件事情。

　　父母之所以会这样与幼小的孩子说话，恰好又是本能在带领着我们做正确的事情。成年人所使用的幼儿语言具有以下特征：他们使用的声调高于正常说话的声调；他们用更夸张的形式强调；而且他们用比平时长的时间停顿。所有这些特征不仅仅是为了让婴儿更容易接受，而且还能让婴儿感受到自己是说话的对象——现在他正在跟我说话。

　　接下来，当儿童开始模仿着成人说单个词语的时候，他们的父母会自发地纠正孩子的语言错误，引导孩子重复正确的说法，特别是正确的发音。

　　随着时间的推移，我渐渐开始相信，所有人类可能选择的，初看起来却又不可理解的行为方式都是由我们的潜意识——也就是大脑的本能区域所控制的。因为对于人类行为来说，无意义的行为是不存在的，至少毫无原因的行为是不存在的。这里还有一个例子，也可以被归为父母的本能行为。

最常见的是，许多母亲喜欢做一些让她们的孩子觉得尴尬的事情。而在这样的时刻，她们的孩子简直恨不得远离他们的母亲。比如，当他们第一次把正在热恋中的爱人带回家里，介绍给家人的时候，最令他们难以忍受的尴尬就是母亲会将他们儿时做过的最傻的事情讲给大家听。

这样的事情发生得如此频繁，以至于我们开始反思，到底是什么原因引发了这样的情况。难道是母亲们为了报复在孩子们婴儿时期每夜必须起身多次哺乳或者是报复孩子们在青春期对家人所做出的令人难以忍受的事情吗？这样的解释对我——一名自然科学家——来说，并不可信。不管怎么说，父母们还是希望含饴弄孙的。那么，他们为什么要破坏可以实现这个愿望的机会呢？尤其是父母只会在那些让他们喜欢的未来儿媳妇或者女婿的面前做出这样的行为。这在生物学的角度上是没有道理的。

一个可能的解释就是：母亲们的潜意识让她们用这种方式来测试那个将加入她们孩子生活的人，观察他们对自己的孩子在不懂事并且需要他人照顾的情况下会如何反应。如果这位未来的伴侣是选择嘲笑，那么在母亲看来，他或者她将不适合养育后代。假如这位未来的伴侣展现出的是一般人看到熊猫幼崽时的表情，那么母亲们对他们的评判则与前一种情况完全相反。也有可能母亲们在潜意识中还想测试孩子们未来的伴侣是否只能接受自己孩子坚强的成人的一面，还是也能温暖地呵护自己孩子脆弱幼稚的一面。

就像我上面说的，这只是一个假设。倘若人们自己能够改变想法，明白那些看起来非理性的人类行为并非不可理解（事实上，所有的人类行为都有其产生的原因），那么我们就会开始反思，变得好奇，并且努力寻找答案，而不再会只是耸耸肩表示不明所以。

现在我们已经发现了一部分人类潜意识所具有的重要能力，也就是说，人类的潜意识可以在不被感知的情况下发挥出比我们能够想象到的大得多的能力。在这个层面上，人们常说的本能、第六感或者潜意识，表示的其实都是人类的同一个能力。无论怎样，它们都是那个在我们的理性思考开始发挥作用之前，就已经指导我们行为的能力。

我们所能认识到的由潜意识指导的行为是那些不必思考就能解决的问题。比如说：抚养后代或是只涉及我们个人的简单事情，以及不费吹灰之力就能够学会的技能。然而，除此以外的绝大多数决定都是我们有意识做的，而且做这些决定的过程都是需要我们绞尽脑汁的。难道不是吗？

　　我要怎样表达，听起来才最为含蓄，不会惊吓到各位读者呢？

　　上述我们通常所认为的真理，恐怕与事实并不完全相符。这就是我目前所能想到的最含蓄的表达。

　　所有人类大脑的活动中只有区区百分之五能够被我们的意识感知到。而那些我们自以为是由意识主导所做的决定，其实是被我们自己给骗了。

　　上述科学结论涉及一个重要的研究成果——在西格蒙德·弗洛伊德的时代它还是极具革命性的结论，几乎没有人相信。到今天，这个结论已经不再是由人选择相信或者不相信的假设了，而是已经通过科学验证的不可辩驳的事实：人类大脑所做的绝大部分工作都不能被我们自身的意识所感知到。

　　自西格蒙德·弗洛伊德时代以来，我们对于潜意识的认识所发生的唯一的改变就是我们发现自己对潜意识不了解的越来越多。弗洛伊德曾经认为，潜意识与我们痛苦的、隐秘的早年经历紧密相关——并且由于年代的限制，弗洛伊德的研究大多数与性经历相关。现代的大脑研究者们将潜意识这个定义扩展到非常广泛的领域。也就是说，现代潜意识定义包括所有在人类大脑中发生的事情，当然也包括那些不能被我们的意识所感知的部分——正如上文所述，百分之九十五的绝大部分。

　　人类只能感知在自己的大脑中所发生事情之中的一小部分。这个事实也解释了为什么我们在阅读了那么多心理指导的书籍以后，还是不能从中学到解决自己生活中问题的方法。我们并不能借此改变自己的行为方式。只要在我们的潜意识中存在着与这些由意识所做的决定立场相反的动机，那一点儿零星的、令我们引以为傲的意识（从明天起我要开始锻炼身体，从明天起我要开始节食，从明天起我要满怀信心）总是立刻功败垂成。不过，我们绝对不应该就此对自己妄下定论，认为自己没有将计划转变成实际行动的能力。更好的方法是，在遇到这样的情况时，我们先找到所有导致问题的因素；再专注倾听在这些情况下，为我们负责的身体部分——也就是我们的潜意识，到底要告诉我们什么。

　　读到这里，也许你终于忍不住要问，为什么在需要解决问题的时候，对我们来说，信任一个长期盘踞在我们大脑里、我们却并不了解的东西，并放手由它来做决定是更好的方法。这个答案非常简单，因为除此以外我们没有其他的更好的方法。

　　至于人类大脑中的分工为什么是这样的，是有其天然的原因的。理智的思考需要消耗大量的体能，换句话说就是氧气与糖分。思考消耗的氧气和糖分比一个训练有素的运动员在运动时肌肉消耗得更多。这是一个简单的健康收支平衡问题——我们需要通过意识做决定所消耗的能量只是整个身体运转所消耗能量的一小部分。

一个几十年都在用同一种材料从事同一种工作的人在这些工作中所需要消耗的体能一定比一个刚刚从事这项工作的新手要少得多，因为那名熟手的潜意识代替他完成了大部分工作。他不需要每一次都重新思考，应该采取何种方法才不会导致病人失血而死，该如何放出着陆襟翼，或者如何做炖肉汤才不会使其黏黏糊糊的不成形。这些技能都被存储在大脑中，潜意识让这些被存储的程序自动运转。

下述所提到的研究显示我们有意识的思考其实是处于从属位置的。大脑研究者约翰·迪伦·海纳斯（与他所有的前人一样）也多次验证了——事实上，类似的验证曾被通过不同的方法所尝试，已成为该领域的经典论题——那些我们理所应当认为是通过有意识的思考所做出的决定，其实在被我们觉察之前就已经被潜意识做出了。海纳斯的试验是这样设计的：试验参与者们平躺在一架大脑扫描仪下，之后，随机打乱顺序的字母在他们眼前依次闪过。与此同时，他们必须在出现相应的字母时按下一个表示左或者表示右的按键。参与试验者可以事先自行决定在哪个字母出现的时候按下哪个按键以及何时做出转换按键的决定。虽然所有参与试验者都坚持他们是在字母出现的同时按下相应的按键的，但是，电脑扫描仪却显示出了完全不同的结果。试验参与者的大脑活动图像显示，在他们按下按键十秒以前，大脑就已经做出相应的决定了。如果说这十秒是反应时间，那么仅对于一个简单的按键动作来说，就显得太长了一些。

这样我们又回到领导与他的一众工作人员的例子。当领导骄傲地对外宣布他刚刚做出了重大的决定，而事实上，他的手下早已做出了这个决定。这一众手下只是允许领导相信，他有这个权利对别人宣布这是他的功劳。

在心理治疗中，我们一次又一次地发现，实际上这位领导对做出决定的影响微乎其微。粗略地估计，差不多有一半的病人在治疗的初期都对自己的行为束手无策。虽然他们明明知道自己的问题到底出在哪里，也知道应该如何做才能改善自己的生活，让一切向着好的方向发展，但问题是，他们不能在实际生活中有效地处理这些已知的信息。

换句话来说就是——潜意识对我来说，一闪即逝，我抓不住自己的想法。

心理咨询师的第一任务就是在治疗中确定患者大脑中的潜意识被抑制的原因。然后，要在患者放任潜意识被抑制并对此习以为常之前，帮助他们养成规律性地反问自己行为原因的习惯。

下面的故事是一个心理咨询案例。

那是一个大学生，他的学业出现了问题。他之所以会来找我咨询，是由于一个非常罕见的现象。他的潜意识不断地告诉他：你的身体里有什么东西不对劲，你必须着手处理它。而他的意识自行思考了这个警告的意义，它认为自己之所以能够收到潜意识的警告，是因为自己的心理出了问题。正是这个演绎的结果将他带到了心理诊所。而当这位患者通过个人经历了解到，他所描述的现象完全不是心理问题，而是可以用温和的手段彻底解决的时候，他开始相信自己大脑中潜意识的部分。

有的时候，对我们来说，潜意识可能就是一个不过度引人注意的存在。那么我们为什么还谈论潜意识呢？正是由于这个想法，才使得许多心理治疗不得不先兜上一个大圈子才能回归正题。来就诊的患者常常感到不解，因为他们总是被问："你感觉怎么样？"我们来看一下下面这个发生在诊疗时发生的对话吧。

"哎呀，没有什么特别的，"一位患者这样回答我的问题，"就是一般的压力。"

"一般的压力？"

"对，就是学业上的压力。学习起来太费力了。"

"你在学习中一点儿乐趣也没有感觉到吗？"

这位病人不解地看着我。他的神情看起来就好像我根本不知道自己刚才说了什么一样。

"乐趣？我们在谈论的是我的学业！"

"可是，你之所以选择学习这个专业，难道不是因为你认为在学习中能够感觉到乐趣吗，或者至少是你对这个专业感兴趣？"

"有可能是我在一开始的时候误解了。至少，我很快就感觉到，除非我闭上眼睛，咬紧牙关，否则我根本坚持不下来。我必须再把牙关咬上几年，与此同时还必须人为地与世隔绝，以便不被其他的事情干扰。"

"这样听起来，在学习的过程中，你可是一点儿乐趣也没有感觉到啊。我个人感觉，长年地做一件毫无乐趣的事情，那可真是太费力了。"

"可是，我也没有别的办法啊。假如我不能人为地与世隔绝，那么我一定会被身边那些有趣的事情诱惑的。如果我再沉迷于其中，那么玩物丧志的速度一定就跟递到酒鬼手里一瓶上好红酒没有什么区别。"

　　这个病人的根本病因是本人的意识与其潜意识失去了联系。在他的大脑中有一个只能用铁律才勉强控制得了的非理智愿望与冲动的大集合。谁要是向这些愿望与冲动屈服，就只能以混乱结束。我个人并不赞成这样的心理状态，因为迟早有一天他整个人要么被自己消耗殆尽，要么抑郁致死。

　　你也许可以想象，我们两人最终达成一个在他身上进行试验的协议经历了多么长的一段时间。而这位患者需要做的是申请一个学期的休学，然后在这段时间里什么也不做，至少是那些与学业有关的淘汰考试都不必做了。即便是我自己也不敢百分之百地肯定——活生生的潜意识是否能够坚持自己的意见，并战胜看似理智的意识。

　　不言而喻，这个试验存在失败的风险。只是试验一旦失败，这位患者至此的所有行为都会通过试验被证明是正确的。

　　我永远不会忘记这个试验进行了几个月之后，这个年轻的男孩是如何双眼发光地走了进来。

　　“这个星期我经历了一些非常棒的事情。”他一进门就说道，“我在市中心逛了街，观赏了许多漂亮的橱窗。突然间，我意识到自己紧贴在一扇橱窗上看了好久。你猜猜，到底是什么让我那么着迷？是我的专业书！”

　　在过去取得长足进步的几个月中，我们一起花费了大量的时间，只为了找出到底是由于什么原因，才使得这位患者觉得学习只是无穷无尽的考试，毫无探索未知的乐趣可言。因为正是这个想法激起了他潜意识的反抗，并显示出上述的症状。

最终，这位患者主动为潜意识提供活动的空间，他才能体验到对许多人来说都非常新奇的经历，也就是说体验潜意识早就为我们准备好的那些让我们满意的东西。这其中当然也包括科学研究者的好奇心与野心。就像我们刚刚读到的，在一开始的时候，让自己像一个儿童一样进行观察。我们不必强迫自己去做那些从利益的角度上看对我们有好处的事情。

这样说吧，对我们来说，潜意识时不时地抑制某些想法的发展，未尝不是一件好事——特别是当那些事情对我们有伤害的时候。潜意识出面干预最为活跃的时期就是我们做出了错误选择的时候，比如说，我们尝试成为一种自己根本不可能成为的人的时候；或者是我们试图纠正父母的时候……这时我们的潜意识会出面干预我们，是因为它发现我们正在做的事情并无裨益：当有人不择手段地试图将从母系家族世代遗传得来的浑圆的胯部变瘦时，当有人拼命尝试做一种完全不能胜任的职业时。

有的时候，人们必须承认，我们并没有想象的那么聪明，不是吗？

　　例如在类似上述的情况下，倘若我们因为听到某类针对我们的话语生上几个小时的闷气，潜意识就会帮助我们忽略该类话语。但事实上这类话语都储存在潜意识的大数据库中，这是潜意识的第二个功能。

谁在主宰我们的记忆

人类的潜意识拥有一个不可思议的庞大数据库。那里不仅存储着所有我们经历过的事情，而且还存储着所有在我们的脑海中曾经出现过的想法。既然我们的潜意识既聪明又拥有事无巨细的完备档案——包含所有我们看到过的和听到过的事情，那么倘若我们需要寻找一个忘记的答案，肯定不必费吹灰之力！而事实上，常常并没有想象的那么方便。难道不是吗？

你一定在想：他在这里一定又想强调潜意识的能力了。

当然潜意识有能力为我们准备这样一个顶尖的档案库，以备时时查询。然而潜意识之所以并没有这么做，恰恰是因为它异常智慧。孩子们想到什么就说什么，成人就不会。并非仅仅是教养让我们懂得含蓄，潜意识也在不断发出指令，告诉我们从长远来看，含蓄是比直白更有利的方式。至少，对我们大多数人来说是这样的。

然而，真正"不会聊天的人"——对其最真实的描述就是——从来不会有回答不出问题的时候，他们反而总是能够想到让别人接不上话的回答。有的时候，那些不会聊天的人根本不等，就怕别人不重视他们。他们总是先发制人，比如说，他们会在街上瞪着对面的来人说："你看什么看？"

我们的潜意识有足够好的理由发出让我们远离那些有暴力倾向的人的指令。当潜意识拒绝为我们提供能够让我们伤害他人的信息时，它至少有两个充分的理由。第一，潜意识想在可能发生的斗殴或争吵之前保护我们。潜意识不希望看到我们在做出行为之后，必须在医院或者监狱中醒来；第二，潜意识拥有一个庞大的档案库，储存于此的该类情形并不少见。当我们还在苦苦无助地寻找一个简洁明了的解决方案时，潜意识早就知道——那些方案根本不会让我们有一丝一毫的胜算。

大快人心的复仇与浪子回头只会出现在电影中。在现实生活中，寄希望于感动一个野蛮人的内心，而使其放下屠刀立地成佛，简直是痴心妄想。更有可能发生的情况是，那些伤害我们的人是"伤人大师"，不但如此，他们还有本事一次又一次胡搅蛮缠地把我们反抗的勇气消磨殆尽。

所以，以后你应该尽量避免长时间的自我折磨——徒劳地寻找一个看似简洁明了的解决方法。你应该做的是，感谢你自己的潜意识不懈地将你从被别人不健全的潜意识所造成的困境中拯救出来。

在后文中，我会向你解释到底是什么原因造成某一些人的潜意识不能为他们提供富有建设性的指导的。在这一部分，我要向你介绍的是，人类的潜意识是多么的功能强大，能够存储海量的数据，并能使这些数据为我们所用。这部分内容并不涉及被存储数据的质量，而仅仅涉及被存储数据的数量。

在实际生活中，我们的潜意识为我们做出决定；而我们是自己的主人，我们为自己做出决定。这只是我们的幻想而已。这样的说法听起来非常可怕。假如连按按键这样简单的事情都不是由我们的意志所决定的话，那么到底是否存在自由的意志呢？事实上，神经科学家们为这个问题已经激烈争论了很长时间！

他们中的一些人认为，在实际生活中，除了担任潜意识的新闻发言人以外，我们并不能做其他的事情。潜意识只是通知我们，它早就毫不迟疑地做出了铁板钉钉的决定。

在研究中，科学家们发现了一件还不是那么令人焦虑的事情——人类的意识虽然只能在极其微小的范围影响我们所做出的决定，但是，这并不意味着我们做出决定的过程是被什么莫

名的物体所控制的，因为人类的行为绝对不是由外星人植入我
们身体中的芯片所控制，而是被我们自己日益增长的个人经历
所影响的。

那个存在于人类大脑中的庞大的档案库，每时每刻都被我
们带在身边，记录着我们每个人独特的亲身经历，所以每个人
都拥有一个迥异于他人的个人档案库。

甚至成长于同一个家庭之中的孩子们也各自拥有与其兄弟
姐妹们完全不同的个人经历档案库。从孩子们出生的那一天起，
他们共同的父母就处于人生的不同阶段。父母在不同的人数阶
段有着不同的压力与放松的感受。相较于迎接新生命，父母们
在面对自己的第一个孩子的时候，更加小心谨慎，更加不能沉
着冷静，更注意给这第一个孩子好的教育。

父母这些行为态度的变化，直接影响着他们出生顺序各不
相同的孩子们。而这些来自父母的影响，也直接影响了孩子们
在兄弟姐妹间相处的行为方式与态度。我还没有考虑其他的个
人经历影响因素，比如，疾病、在学业上被激励或者被打消积
极性。

所以，从这个层面上来看，潜意识给我们每个人所做的建
议以及决定其实是非常私人化的，因为这完全取决于我们的个
性以及在个人经历中所学习到的东西。也就是说，潜意识给我

们的所有建议与我们个人的行为习惯与世界观是息息相关的。

　　人类潜意识所做出的决定不仅仅比我们长时间有意识地思考后所做出的决定更快，而且经常还更加准确——甚至更加理智。针对于此，还有一些研究结果可以作为佐证。

　　一个连续观察多年的试验向我们证明，潜意识在我们第一次约会时对约会对象的感觉比我们进行理智的思考后的判断要准确得多。潜意识所反馈给我们的结论——某个约会对象是否是我们喜欢的类型——是从我们的生活经历中长年积累的经验所得出的。

　　与之相反，有意识的思维会这样反应：他没有付这个账单，是不是因为他是个非常吝啬的人？也许他并不喜欢我，没准儿对他来说，我连这么点儿钱也不值得让他付出？不过话又说回来，他的鞋都有点儿磨得破旧不堪了，也许他是真的没有钱吧。

　　所有这些有意识的思考并不能给我们更明智的建议。而潜意识接收到的信息则是所有与该约会对象有关的信息，并将其与我们整个的生活经历匹配，进而判断我们是否与该约会对象合适。在我讲述我自己的时候，他耐心地倾听了。当我向他讲述我的某段尴尬经历时，他并没有嘲笑我，而是表示类似的事情也在他自己的身上发生过。当远处的小麻雀们飞来，衔走邻桌还没有收拾干净的薯条时，他则为近处的那只感到遗憾——因为它没敢先飞过来衔走那些薯条。从长远的角度来看，我们的潜意识通过对这些细节的观察所得出的评价要比有意识的思考所做出的判断正确得多。

同样的结论我们也可以在另一个试验中得到——那就是如何最好地揭露一个人的谎言。试验设计者将参与试验者分为两类作为对照，一类人讲述他们的亲身经历，另一类讲述他们自己想象出来的故事。在讲述的时候，这些人中的一半可以安安静静地讲述，而另一半人则一再地被其他的事情分散注意力。

你猜猜，哪些人能够正确地讲述他们的故事？没错！正是那些讲述他们亲身经历的人。因为当人们没有时间思考的时候，潜意识能直接替意识将所需数据从我们大脑的数据中直接提取，而无须再进行思考加工。参与试验者虽然没有时间思考，但是潜意识依旧有足够的时间将真实的经历与讲述出来的内容进行对比。

我们的潜意识之所以在这样的情形之下有绝对优势，是因为人类的意识根本没有能够与潜意识相媲美的海量存储数据能够时时提取。而那些有时间思考的人，看起来也并没有绝对的优势。他们讲述完故事后，对撒谎者与非撒谎者所做出的判断与那些没有时间思考的人相比并没有什么差别。

我们的潜意识能够依据个人在生活经历中与人打交道所积累的经验里，通过对方的肢体语言、语气语调，以及停顿的位置判断对方是否正在撒谎。而这样的判断结果几乎从不会令我们失望。

那些试图通过反复思考，而非依据自己的经验判断谁在撒谎的人，将结论完全建立在自己事先的假设之上。正是由于这个原因，这个试验组所提供的答案基本上与正确答案相去甚远。

即便是对那些对我们的个人生活起着重要意义的决定来说，潜意识也能够提供比反复思考更好的建议。让我们以买汽车为例。

当人们试图为一位意欲购买汽车的人提供所有他可能用到的信息时，一半的人表示会考虑这些建议，另一半人会直接拒绝它们。而事实表明，那些直接凭感觉或者一时起意的买家所做出的决定往往更加理智。其原因就是，我们获得的信息越多，大脑必须处理的信息就越多，这就很可能导致大脑被要求完成可能超过其能力的问题。

至于那些没有经过深思熟虑、仅凭一时兴起就做出的决定是不理智的决定，这个说法毫无科学依据，本身就是人类的偏见。

人类的大脑所拥有的能力很可能让我们自己都不敢相信。

在同一时刻，我们的感官能够接受处理大约四十种感觉，这难道不值得让我们骄傲吗？现在请你猜一下，人类的大脑能够同时接受处理多少条信息？

答案是一千一百万条。

通过以上实例展示，也许你现在不再害怕谈论自己的理智思维以外的潜意识了，虽然在实际生活中，潜意识极少与我们发生交流。也许随着你对潜意识了解的增加，会对其越来越感兴趣，毕竟潜意识不是人类大脑中沉睡的部分，而是保持清醒的那部分。

读到这里，也许你会产生如下的猜测：

倘若从现在开始，我们完全依赖于自己的潜意识，遵从于潜意识的指示，那么我们难道不是搬起石头砸自己的脚吗？绝大多数时候，当我们谈论遵从潜意识的指示时，我们说的是跟着感觉走。可是，我们的感觉又是从哪里来的呢？是从肚子——那个装满消化器官的地方里来的吗？

事实上，肚子是一个让我们变得不理智的身体部位。随着年龄的增大，它越变越大，我们还不得不挺着它到处走。在某些情况下，它还让我们变得尴尬。只有通过遵守严格的规则，我们才能让肚子保持平坦。由此看来，肚子还是一个需要我们运用非常多的理智来对付的身体部分。

这样再看，肚子绝对不是那个拥有几乎是无穷智慧的潜意识所栖息的身体部分。

我们内心的 "小孩"

    在我们开始讨论这一部分以前，让我们先看一下我们要讨论的到底是什么。

    在德语表达中，内心的魔鬼是心理学中的一个专业词汇。它所表达的意思是一种内心的冲突。一方面我们想得到这个，另一方面却又希望结果是那个。如果我把这两个不同的想法分别叫作理智与潜意识，我想你不会感到奇怪。

    对我们来说，理智负责给我们想要进行的行为发出语言性规定。而潜意识负责给我们的某些意愿发出拒绝的信号。可是由于我们并不能轻易地与我们的潜意识进行交流，也不能理解其行为的原因，所以我们常常不能理解为什么潜意识会发出反对我们个人意志的信号，这样就会导致我们生潜意识的气，有时也会咒骂它。就拿我们惯常把它叫作"魔鬼"为例来说吧。

弗洛伊德早就在他的论述中表示过：我们的所有行为——即使是那些对我们来说完全不可理解的，甚至是被我们认为是错误的行为——都有其发生的原因。恰恰是那些我们自己都解释不了的东西，以及那些刚好能够证明我们是多么愚笨与性格多么软弱的东西，也同时证明了事实上我们可以多么聪明。倘若这些现象还没有涉及我们内心的冲突，那简直就太可笑了。

我们一起来看一个对于大多数人来说内心冲突对我们行为影响最大的例子。

让我们必须完成一项任务，可是大脑中的潜意识就是不肯合作。不但如此，而且它还让我们想起无数抗拒坐下来解决问题的借口。不论我们是把这种心理叫作延宕还是拖延症，它们的结果都是相同的。

根据如今的研究成果，我们已经可以确定，人类就是超级喜欢懒惰的物种。只有当我们拥有铁一般的意志时，我们才可以与自己的惰性对抗。

不过即使是这样，我依旧坚信，我们能做到的比我们自己认为的要多得多。我们应该停止谴责自己，并且严肃地反问，我们之所以有这样的表现，是否是因为比理智聪明的潜意识正在试图告诫我们远离那些任务呢？

如果阅读最前沿的专业成果，你会发现科学家们正在为拖延症平反。他们坚信，至少对某些拖延症患者而言，听从潜意识的建议，停止与其对抗，是最好的方法。

我们只需要明白，潜意识要告诉我们的是：现在还不可以。

如此看起来，潜意识是希望通过拖延心理向理智——这个总是给我们错误忠告的角色——发出不要未经邀请就随意卷入决定的信号。现在，你已经看到了一些典型的例子。这些例子向我们证明：当人类没有时间理智思考的时候，依靠潜意识能得到一个最好的结果。

倘若我们必须无限度地承担责任或者接受任务，那么又会发生什么事情呢？这个结果简直不言而喻。当任务或者责任多到一定地步的时候，我们就再也没有时间为完成任务的每一个决定认真思考了。在这种情况下，除了放手让潜意识为我们做决定以外，人类几乎没有什么其他的选择，而潜意识也的确能够做出比有意识的思考更好的选择。不仅如此，潜意识还能在我们身体的其他部分必须休息的时候，同样活跃地工作并完成任务。

原则上拖延症是这样发生的：

领导者（有意识的思维）群发一个任务要求，对他来说，重要的任务该由自己亲力亲为，最好还是立即就完成。

数百万员工（潜意识）立刻警惕起来，因为他们凭借经验知道，如果让他们的领导独立完成这项任务的话，那么他一定会把事情搞砸。基于这个原因，他们会为领导想出许多其他的任务，尽可能地拖住他，让他没有时间与精力染指这个任务。他看起来已经是这样的苍白；他已经工作得精疲力竭了，可是报纸还没有看；而且那里还有没开封的电脑游戏……在领导精力分散的同时，他的员工们已经把任务完成了。当他们完成任务后，还会为领导提供一套完整的最优方案，而领导只需要批示通过。

他又一次见证了——这家公司可以自行运转。然后会自己对自己发誓，等到下一次，便再也不会让乱七八糟的事情分散自己的精力了。为了减轻员工的压力，他会立即自己着手处理这些事情。而他的员工们都在小声地窃笑。

还有一种也从属于拖延症的症状，其可怕性在于它是一种不定时发生的病症。你很可能已经听说过这种病了，它就是我们所说的——脑闭塞。我们每一个写书的人都多多少少经历过这样的状况。可是至今我们仍旧不知道这种状况发生的原因。

在我身上也发生这样的情况，我清楚地知道，在病症显现时，我可以放心地依赖自己的潜意识，所以这个病症完全没有吓到我。我也清楚地知道，即使我几天甚至整整一周都不能写出一个字来，也完全没有必要责备自己。潜意识非但不是不详的、可恶的魔鬼，反而是一个承揽罪过后又深藏功与名的角色。

我能断定我遇到的绝大多数发生脑闭塞情况的原因都是，勤劳的潜意识已经注意到了那些愚蠢的理智思维还未注意到的问题，那就是——正在写的文章里有不对劲的地方。这可能是逻辑上的错误或者是我说错了什么，也可能是聪明的潜意识正在组合一个比我写在文章中更好的理由。

潜意识仅仅希望通过脑阻塞告诉我：假如现在继续写下去，你所做的不过是浪费时间与精力。还是让我们内部专门负责这些事情的人集中精力，找到错误并提供改善建议。我们的工作可能会需要一段时间，一有结果，我们就会向你报告。

慢慢地我就明白了，在我的工作进度停止不前、自己苦思无果的时候，我并没有为潜意识的工作增加难度。归根结底，我不想让承担繁重工作的伙伴们无缘无故地浪费精力。与此同时，我反而可以做一些让自己心情放松的事情，直到自己被通知：文章中的错误已被找到。既然潜意识根本不知道什么是休息，那么我在它工作的时候去睡个小觉也完全没有问题。

这样的情况你肯定也亲身经历过。午夜突然莫名惊醒，你会发现那个困扰你已久的问题已经被解决了，而答案就在手边。

你还记得我们前面讲过的汽车销售的故事吗？你一位女性朋友的汽车达到了使用年限，现在她必须要买一辆新的了。她与她的先生已经连续几周在各种各样的汽车信息中犹豫不决，可是他们却一直不能做出最终决定。一天早上，他们醒来，互相看着对方的脸，然后突然异口同声地说出了同一个选择。

实际上，他们两个人的潜意识都选择了同一款汽车，因为经过考虑与权宜，对他们来说，这款汽车是在他们能够接受的性价比范围之内最能满足其需求的。

"这个决定是我在睡梦中做的。"很多人都说过这样的话，这实际上并不正确，因为只是理智的思维——这位领导——睡觉了，而它的员工们还一直在马不停蹄地工作，并且——跟现实生活中的情况完全相同——正是由于领导不在场，它们的工作才不会被指手画脚地干扰。

我认识一些作家，他们能够通宵不睡，然后，在一夜之间就能构思出一整部全新的小说。而他们构思新小说的工作其实是发生在其正在写另一部小说的过程中的，而从表面上看起来，他们似乎完全没有时间处理写作之外的事情。

潜意识中的创意部是一个安静的部门，在接到人类明确的指令以前，它们是不会把自己的工作成果公之于众的。它们更愿意随心所欲地工作。

我们常常在刷牙或者洗澡的时候想出好主意也是基于这个原理。我们的理智思维正在被占用，同时我们又感觉到身心放松——这是最理想的状况，因为潜意识可以在完全没有理智思维打扰的情况下，集中精力让自己的创意天赋恣意挥洒。

这里还有一个例子可以证明，我们常挂在嘴边的内心的魔鬼并不是我们身体中的一部分，而且我们也不是生来就是好吃懒做的生物。

有些人认为，不工作的人拥有特别轻松的生活，他们总是能从工作的人身上获益。科学家通过问卷调查有工作的人与没有工作的人后却发现：没有固定工作的人对自己的生活是最不满意的。假如我们能——在让人们变得更快乐以及获得自我实现的前提下——努力为每一个人都找到一份工作，那么我们所做的就不是在找懒惰人的碴儿，而是创造人们共同快乐的可能性。

我们无意消除对世界、对新事物以及对新任务保有好奇心的人。如果少了他们，我们的生活也就缺失了一部分。事实上，我们的好奇心被刻意地压抑了。可是，不再好奇、谨慎地选择学习新东西，并不符合人类与生俱来的天性。企图摧毁或者抑制人类与生俱来的天性是一种病。

在这个特定的关联中，我们再来看一下拖延症：在前文中，我曾经提到过，拖延症实际上是对人们有好处的，而且当潜意识试图阻止人们行为的时候，人们最好听从潜意识的指令。这种类型的拖延症被心理学家称为积极性拖延症患者。这类拖延症患者都处于巨大的工作压力下，尤其有效率的人。

也就是说，他们的身体能够通过设法尽量延长等待执行任务的时间，从而依靠有令人兴奋作用的由体内荷尔蒙酿造的——当然是在潜意识中——一种身体内部的能量饮料——肾上腺素。肾上腺素上瘾者有各种各样的类型。他们中有的人在野外水域游泳；有的人参加飞鼠滑翔运动；而另一些人则宁可盯着日历看，随着限期越来越近，心情变得越来越焦躁。这些行为都是很多创造者的创造源泉。

当然，还有消极性拖延症患者。他们的确有心理上的问题。不过，这也不是人们常说的什么内心的冲突。如果说积极拖延症患者的能量就像一条被堵塞的大河一样，一旦得以疏通就能使出全力驱动整台庞大的机器，那么消极拖延症患者的能量就像一条涓细的小溪，而若想凭借这条同样被堵塞的小溪驱动同样庞大的机器，就不太可能了。很显然，有人在溪水流抵目的地之前，就把其中的大部分偷走了。科学家们认为造成这个现象的原因我们已经清楚，那就是绝望的情绪。

遗憾的是，这些或多或少有着严重绝望情绪的消极拖延症患者所表现出来的症状都是相信内心的魔鬼这一说法的。他们不但不去解决缺乏精力的问题，还配合着怀疑自己是否真的有能力或者有价值；不但不寻找问题发生的根源，反而不断地自怨自艾并且将自己鄙视得一文不值；只是为了能够长时间地沉浸在绝望的情绪之中；只是为了让小溪中的水流越来越少。

　　长时间以来，人们对心理上的不适的关注远远低于对身体上不适的关注。大多数人在忍受一定时间身体上的不适之后，或早或晚都会去看医生。对于心理上的不适，人们却总是用缺乏有能力的心理医生作为借口来搪塞。他们将自己身体中最重要、最有价值的一部分解释成充满敌意的陌生之境，或者是需要被消灭的内心的魔鬼。当面对此类问题时，更有意义的做法是严肃地反问：为什么他们——那些在孩提时代充满好奇心的人——在几年以后就对生活中的事物都提不起兴趣来了呢？

　　许多人都不能想象：那些他们自我否定的事情；那些他们拼尽全力与之搏斗的事情；那些让他们感到羞耻的事情；那些他们不愿向任何人提及的事情，事实上，所有这些都是有着具体的原因的。当我们的身体产生疼痛感的时候，我们相信，那是人类身体自我保护系统向我们发出的警告。而想象我们的心理自我保护系统也能够做同样的事情，对我们大多数人——甚至是对那些已经收到这样信号的人来说是绝对难以想象的。

　　也许你已经听说过，有很多人还选择自残；也许你还认识某些自残的人；也许你甚至有过自残的行为。那些找我来问诊的患者们一致认为，没有什么比讲述自己自残的经历更能够让他们感到痛苦的了。在这个网络如此普及的时代，他们中甚至还有很多人根本不知道自己并不是这个世界上唯一选择用这种方法自我排解的人。他们用剃须刀的刀片上割伤自己，将自己的头发扯断，故意将滚烫的热水浇到自己的身上，等等。

　　他们不愿放任这种行为继续出现在自己的身上，却又与自己周围的亲友一样，不能解释这种行为产生的原因。既然如此，就表明我们的身体的自我保护机制还是在起作用的，那么我们为何还会故意让身体陷入疼痛呢？这些患者不但要忍受自己身体上的物理疼痛，还要承担周遭人们不解与怪异的眼光，那么他们为什么还是要对自己做这样的事情呢？

　　从心理学家与大脑研究者的角度来说，人类的自残行为并不是他们研究领域内的课题。这些患者总是被负面的情绪所控制，他们还将这样的情绪夸大到不能忍受的程度。为什么这些人不是只偶尔产生不良的情绪，而是完全沉溺于其中，这个问题我们在后面会进行深入的讨论。

　　我们首先要做的重要事情就是承认这个问题的存在。当患者的负面情绪增大到无以复加，马上就要把他们逼疯的程度时，大脑的潜意识部分就会释放出信号，命令他们抓挠自己直到流血；扯断自己的头发；用剃须刀的刀片割伤自己，以及其他各种各样自己伤害自己的方法。而被我们认为是最理智的思维一直在尝试与这一情绪做斗争。只不过，理智每一次都会被打败。

当人类的身体受到伤害时，会出现两种情况。第一种情况是，身体上的疼痛会压过其他别的疼痛。这样的情况对患者来说，就意味着：心理上所承受的巨大痛苦暂时被其他的更加难以承受的痛苦所掩盖了，这一次的危机暂时解除。另一种情况是，我们的身体在受伤的情况下会做出如下的反应：大脑会自动释放内啡肽。

内啡肽就像是我们身体自己生成的毒品。它能够帮助我们做很多事情，比如，跑完马拉松全程或者完成整个分娩过程。内啡肽不仅能使人减少疼痛感，而且还能改善我们的情绪，这也就是为什么内啡肽也被称作"快乐荷尔蒙"的原因。

换句话说，上述身体机制可以与积极拖延症现象相类比：积极拖延症患者的潜意识所制造的荷尔蒙能够帮助他们最好地完成任务，而自残者的潜意识释放的荷尔蒙能够让他们快乐起来。潜意识所拥有的庞大的知识储备不仅包括我们所有的个人经历，而且还包括我们身体的所有功能，以及其正处于什么样的状态下，甚至精准到每一个细节。

仅仅是了解自残现象的前因后果，对患者来说就已经是巨大的自我缓解了。明白他们的身体里并没有住着一个黑暗的、企图吞噬一切的恶魔，反而正是这一部分在尝试着帮助他们，这是自残者了解自己至关重要的一步。

在了解的基础之上，我们可以开始尝试寻找解决之道了。首先可以选择温和的手段：我们帮助患者找到一种可以代替他们自残行为的方法，也就是说，用刺激身体其他部位的方法来分散他们所受到的负面情绪的影响。对某些人来说，用冰块接触皮肤就可以解决问题；对另一些人来说，也许用按摩球就可以解决问题。而整个治疗过程与一般心理治疗或者手术后的恢复过程中的练习并无二致。

不过无论用什么方法，我们的目的都是帮助患者学习与练习每一个人都必须在生活中掌握的事情，那就是与我们自己的情绪和平共处，并将其控制在自己可以承受的范围内。

现在让我们再回到拖延症这个问题上，毕竟这个问题在我们身上出现的概率要比其他的问题大得多。

如果你也是那些将重要的事情一拖再拖的人群中的一员，那么请你现在好好观察一下自己。当你勇于承担一项任务并准备着手完成它的时候，你是否感觉良好，甚至激动得跃跃欲试？倘若在这样的情况下拖延症发作，那么这就说明你需要更加信任你的潜意识，并且还必须提醒你自己，在过去的经历中，潜意识每一次都恰到好处地发挥了作用。

　　也有可能是你与自己的潜意识一直合作不顺畅，你是否对合作结果从来没有满意过？如果是这样的话，你就必须忘记那些内心魔鬼的想象，并且有意识地告诉自己，潜意识并不是消耗你的精力，让你变得虚弱的罪魁祸首。在本书后面的部分中，你将会了解到更多有效的建议。

聊聊你所谓的原则

　　如果我们还是继续相信内心的魔鬼这样的说法，它还会让我们中的大多数人陷入体重增加的困境。大脑研究者与内科专家阿西姆·皮特斯在其专著《肥胖的迷思——缘何肥胖者的寿命会比较长》一书中明确指出为什么百分之九十七尝试减轻体重的人都会在体重增加、绝望与自责中结束。而缺少原则绝对不是导致该结果的原因。

　　即便如此，五分之四的德国人依旧相信，肥胖者之所以会吃下这么多的食物，是由于他们没有原则。即使你也认为这种说法的正确性的可能非常大，那我也不得不明确地告诉你，这只是伪科学的迷信。我们的潜意识会做出与我们的意志如此相违背的事情，这在逻辑上根本就说不通。既然有那么多的人体重大幅度增加，而且还看似不情愿减少一斤一两，这样的现象一定存在着什么特别的原因——我们真的能够战胜一次心魔，对不起自己的潜意识吗？

还是所有的努力终归会变成先进一步再退一步的结果，又一次重蹈做无用功的覆辙？抑或是我们想的办法根本就是行不通的。为什么会发生这样的情况呢？

虽然我已经在自己的旧作《两种神经机能的相遇》中探讨过这个问题，可是我仍然想从大脑研究这个特殊的角度再次探讨这个问题。当然不仅因为这是当今社会的多发问题，而且还因为有关于此的毫无道理的解释比比皆是。

前不久，《明镜周刊》网络版公布了一项调查结果。结果显示身材苗条的女性比身材正常的以及肥胖的女性在事业上更容易取得成功。个中缘由非常简单，身材苗条的女性比两类后者更加容易得到工作。

当然，在这篇文章下面也有很多非常中肯的评论。谁要是连把身材控制在三十八号衣服大小以内的原则都不能遵守，那么她也不能遵守现代商业社会的职场原则。

迷信在人们心中的地位是不可动摇的，而且一个理论是否能够经得住科学的论证，绝大多数人根本不关心。要是谁在今天还宣称太阳是绕着地球转的，那他必定会遭到其他人的白眼。可是，一旦涉及人类心理工作机制的时候，绝大多数人相信的依然是早就被证实为错误的理论，甚至还能够从中找到自我救赎的方法。

说一句与体重与原则相关性无关的题外话：事实上也有不少非常瘦的人，他们怀着渺茫的希望，尝试增加体重。周围人对其行为方式完全不可理解，在他们的眼里，如果一个人能有模特般的身材难道不应该高兴吗？而这些非常瘦的人对他们自己身材的满意程度与那些体重超重的人是一样低的。他们与超重的人一样，怀着虔诚的希望努力改变自己的体重——只是他们的希望从没有实现过。这一切同样也与原则或者没有原则毫无关系。

胖或者瘦根本不重要，就像那些被标榜为极其重要的东西一样，一点儿也不重要。为了对下面所讲的内容有知识方面的准备，我必须首先对此做一些介绍，正如大脑研究学者皮特斯先生所做的，他的解释也在很长一段时间里困扰着我。

同一种心理治疗对不同心理病症的疗效完全不同，正如普通医生不能根治所有患者身体上的病症一样。虽然一次心理治疗并不会对一个单纯体重超标的患者起到显著的作用，但是，心理治疗对减肥上瘾的患者却有着显著的疗效。

莱比锡大学曾经对该范围的心理治疗结果做了调查研究。研究将上述两类患者分成两组，结果显示，百分之八十六的减肥上瘾者在治疗之后获得了明显的改善。而对于单纯体重超标的患者来说，他们中百分之六十四的人在经过相同的心理治疗后，要么就是体重一点儿也没有减轻，要么就是体重甚至比先前更重。

我还没有找到一个能够明白其中原理的人——一个体重严重超标的人愿意不惜一切代价减轻体重，而一个减肥上瘾的人由于患有身体畸形恐惧症，所以不希望在自己的体重上增加一丝一毫。他们甚至会在自己已经瘦到危及生命的时候，仍然能在镜子中看到一个肥胖的自己。倘若心理治疗在帮助那些从来不希望别人帮助的人时能比帮助那些怀着渺茫的希望的人更加有效，那么只能说明在心理治疗所能触及的范围之外还存有问题。

如果说试图把身体饿瘦，以期达到能够穿上小一号衣服的愿望，是一项难以实现的目标，那么会不会是我们的潜意识在全面衡量身体的所有健康指标以后，将这个愿望定义为愚蠢而做出的判断呢？

这听起来与我们几十年来口口相传的说法完全矛盾，至少也是难以令人信服。然而，从朗格姆开始，证据开始一点一点地明朗了。

美国国家健康研究所曾做过一个持续很长时间的试验，为了证明减轻体重与坚持体育锻炼对延长寿命有积极的作用。在该项试验中，五千名体重超标者被分为两组。其中一组人被允许保持他们原有的生活习惯，而另一组人则必须遵守减少卡路里摄入与增加体育活动的日程安排。这样的生活方式正是我们一直都坚信的健康生活。事实上，这组试验成员的确减轻了体重，甚至实现了持续减轻体重，而且人也更加有活力了。虽然如此，这项持续了长达十三年之久都没有间断的研究还是在2005年被终止了。这里面又有着什么样的隐情呢？

遗憾的是，我们必须承认，人们在这项试验中投入的大量经费并没有带来与其等值的结果。试验过程中，为心肌梗死、中风与心绞痛所苦的患者在两个实验组中并没有明显的区别。换句话说就是：减轻体重以及坚持锻炼身体并不能使我们活得更健康、更长寿。

这项试验甚至更加证明了许多医生常说的：谁身上的脂肪更多些，谁就在严重的病痛中有更大的机会存活。阿西姆·皮特斯甚至认为，肥胖的人的身体中有一种特殊的基因变体，能够在某些特定的情况下——相较于没有该基因的瘦人更好地保护他们。

正是由于试验统计所显示的结果与减肥倡导者最初的假设背道而驰，所以他们渐渐地也不再自信满满地警告尝试减肥的人群必须严格遵守减肥守则。他们甚至不再有信心直接发表关于"减肥"的看法，而是将中心论点转换为"长期有效的饮食习惯改变"。但是，只要还有百分之八十的人相信那些不但在科学领域中是毫无逻辑的，而且也已经被证明是无稽之谈的理论，那么在每一个"比基尼季节"到来的时候，就仍然会有层出不穷的、专门为那些身材走样穿不进去年的比基尼的人量身定制的全新快速减肥法。

这些减肥法的可信度就如那些按照星座特征寻找理想伴侣的指南一样。而我相信，你绝不会按照星座指南去寻找伴侣的，因为那样只会让你自己误入歧途。

我们必须要与苗条就等于健康的理论告别。至少我们必须承认还有其他影响健康的因素。

而让你体重超标的根本原因，很可能——在这里我个人认为阿西姆·皮特斯的观点非常值得信赖——要么是由于眼下的压力所致，要么是由于某个很长时间以来一直影响你体重的原因所致。另外一些人，他们虽然承受着同样大的压力，却不会增加体重。这并不是由于他们更能够遵守原则，而是由于他们的身体中含有那些在特殊条件下并不会保护他们的基因类型。

也许你现在会想：哎呀，又拿压力当借口！生活在当今社会谁还没有压力啊！或者至少每个人都认为，他们承受着压力！

但是，请你不要忘记：我们这里所说的并不是人们怎么想的，或者说，并不是人们怎么猜的，而是经过科学证明的事实。承受压力在这里表示的并不是当有人问"你有压力吗"，你回答"有"，就表示你真的生活在压力下。

这里所讨论的承受压力，是指皮质醇在血液中的含量高于正常值的可证明现象。皮质醇这个名字你可以现在就记住，在本书后面的部分中，还将会经常看到它。与其他荷尔蒙相比，皮质醇对我们的潜意识有着特别大的影响。它影响着潜意识特别关注某些事情，而我们的思维与决定会听从潜意识的指挥。在其众多的作用中，皮质醇这种荷尔蒙帮助我们理解的事情不仅仅包括体重超标，而且还包括绝望以及其他很多身体疾病的原因。有关这方面的内容，我们会在本书后面的部分进行更深入的探讨。

让百分之八十的人自愿接受全新的事物，是一件十分艰难的任务，所以我决定还是小心谨慎地慢慢来。造成体重超标的根本原因完全不是不负责任这样的借口——也即：没有原则。我浏览过皮特斯先生的个人主页，照片上的他是一个非常清瘦的人。他是在做了非常非常多的试验以后，通过对结果的研究统计才得出了自己的结论。

因为大脑研究者都知道，不仅仅有意识的思维需要非常多的糖分，压力也是一样。通常情况下，我们的大脑允许在血液循环中最多含有百分之六十的葡萄糖，而在承受压力的情况下，血液中葡萄糖的含量则高达百分之九十。为了不让大脑将身体其他部分所需的必要糖分全部夺为己所有，下丘脑中的下视丘内侧基底部聚集的神经元——弓状内核会阻断自己的信号发射，给大脑以优先权。

每当这样的时候，在我们身体上的表现就是你一定熟悉的：巧克力！随便什么牌子的巧克力！不用是最好的那种巧克力！或者意大利面！好多好多的意大利面！想吃意大利面是身体急需糖分的另一种表现形式：给我碳水化合物，能够转化成葡萄糖的碳水化合物，否则的话，我就从身体别的地方抢。这可一定不是你希望的。

不要听从你内心的这类召唤，这可不是什么好主意。可是，倘若我们不听从这样的召唤的话，这个饥饿信号就不会停止发射，而我们迟早也会屈从于这样的召唤。如果我们坚持不进食，那么我们身体上表现出来的症状就与低血糖症的所有症状完全相同，也就是说神经系统缺乏糖分。渐渐地，大脑就会终止所有依靠糖分运行的工作，对我们的影响也会从一些轻微的身体损伤，转移到心理上的绝望，甚至产生轻生的念头。

新的研究结果显示，即使是在相同卡路里摄入的情况下，女性在压力下增加的体重也不尽相同，最多的能够达到每年多增长五公斤。更直观的表达就是：假设两个女性在同一年中吃完全相同且分量完全相等的食物，血液中皮质醇含量较高的那位女性，也就是两个人中承受压力较大的那一位，在一年后会比另一位不承受压力的女性重五公斤。如果人们持续几年不间断地承受压力，那么他们体重的增加则不容小视。

这还是在幸运的情况下。倘若恰好赶上不幸的情况，也就是我们体内的免疫系统也不能适应这种情况，那么我们要付出的代价就不再是简单的体重增加了，而是个人健康遭到根本性的摧毁。

话说回来，我们是想凭此推翻之前的说法吗？我们是否能够宣称胖是健康、瘦是病态呢？不是，我们需要改变的是自己的思考方式。压力增加的是人们的心理负担，它是不适的制造者，是造成我们生病的原因。人类最健康的状态是不承受过大的压力。承受巨大压力的人群是严重疾病的高发人群。身体状况的不同，表现在不同人身上的病症也不同，它可能为癌症，也可能是心梗，虽然他们也许属于更容易被治愈的患者群。综上所述，在承受压力的期间还尝试减轻体重，这可真是最愚蠢不过的想法了。

我再多啰唆一句：事实也同时向我们证明，阶段性承受压力的人，在压力消失以后，就会自动减少食量（这当然也是潜意识所做出的调整）。同样的道理，那些处于压力下茶饭不思的人，在失去压力后，就会将减少的体重再增加回来。我们越是尽量少地干扰身体的自我运行机制，越是放手信任我们的潜意识，我们就越有机会让身体处于健康的自我调节机制中。

你与之斗争的可不是什么内心中的魔鬼，而是你自己身体中最宝贵的健康。

不过，我们到底是基于什么样的原因能够如此长时间地把误解当作科学呢？阿西姆·皮特斯在他的著作中所描述的研究值得我们深思。在研究中，他向我们展示了一个地区内最高收入与最低收入人群与他们各自的平均体重之间的关系。人类对于绝对公正的渴望是与人类自身共生的，以至于我们甚至可以把这种渴望算作是人类的本能之一。即便是一岁的幼童都能够迅速地判断出某一个情景是否是公正的。

千千万万的社会心理学家都致力于对公正的研究。当一个人有权力选择游戏规则的时候，你认为他会在"他及跟他一起的游戏参与者每个人得到十欧元与他得到二十欧元而其他游戏参与者得到三十欧元"这两种游戏设置中选择哪一个呢？

完全正确，他当然会选择第一种游戏设置。虽然在这种情况下他自己得到的钱要比第二种设置中的少，但是关键的是其他游戏参与者得到的不会比他的多。

上述所提到的假设好像并不能说明什么问题。当然，我们的潜意识是不会出错的，可是，它为什么会在这样的情况下做出看起来如此不理智的决定？也许，这根本并非不理智的决定。因为说到底，人们在做决定的时候，依靠的都是我们所积累的经验。社会心理学研究者们在试验中所依赖的经验也不外乎是由我们自己积累的经验。

我们的经验告诉我们，富裕的人开起汽车来更加无所顾忌，因为他们认为法律对他们没有制裁效力，并且他们比一般人拥有更多的特权。倘若我们不断地重复如此相同的经历——富裕的人通常不会用自己的财富造福于人，或者为其他人创造新的财富，而是通过占有的财富为自己搞特殊化。那么，基于这个经验认知，我们的本能就会选择宁愿自己不能拥有更多的财富，也不能让其他的人拥有比自己多的财富。也许这样的决定并非是完全不理智的。

每当我读到"妒忌文化"或者看到德国人都是善妒的这样的说法时，总会有一股寒意沿着脊背向上攀升。因为这样说的人常常是那些并没有将公正根植于心的人们。即使他们逃了两百万的税，也就是从外面每个人身上都偷取了钱财，他们还是顽固地认为，我们总是嫉妒他们取得的成就。这样的情况屡见不鲜，我们中的大多数人不能忍受社会上这样的不公。正是这种情绪造成了压力。

现在我们完全不必在这件事情上纠结，从而陷入阴谋论的沼泽中无法自拔。我们还是回到造成体重超标的原因的研究上来：肥胖的人不能遵守健康的饮食原则，而穷人则是由于吃了过多的垃圾食品而致使体重超标。这个论调不必修改，减肥产品生产商与饮食顾问完全可以继续依据这个理论开展各自的工作。体重超标是一种自作自受的疾病。

我们继续沿用我们自己的理论：体重的增加是人类的大脑对保护我们的健康所做出的应激反应。我们中的绝大多数人都是在城市中长大的。城市中的工作环境对我们的要求越来越高，越来越少的人能够在工作之余享受他们的生活。这样的生活现状让我们非常不舒服。因为我们必须认识到，羞辱体重超标的人以及对正身处该窘境的人的讥讽是满怀恶意的。我们必须寻找其他的原因。

正是基于这样的社会背景，我敢预言，你一定会被各种减肥以及体育锻炼的建议疯狂轰炸。

在我说了那么多让你难以置信的理论后，也许某些理论还是令你异常困惑，在本章的结尾，还是让我们回到原则这个问题上来。

人类强大的个人意愿还有一个我们能够想象得到的亲密邻

居，它就是：积极的想法。曾有一段时间，有一个理论非常流行，可能你也听说过"想象你非常快乐"。只是这个理论并没有持续多长时间，就被大脑研究的成果给辟谣了。该理论所基于的原理是：用我们的主观想象去命令潜意识——完全不顾潜意识自己的判断。这个理论到底有多么愚蠢，阅读本书至此，我相信你心中一定自有判断。

科学对积极的想法所起的作用的研究结果为：它只有在我们对外界的事物束手无策，处于完全无助的情况下才能发挥其作用。此时，积极的想法会帮助我们坚信，无论多么糟糕，事情还是有转机的。研究者们还发现，当我们处于情绪异常激动的状态时，会比我们只顾自己的时候更加无所顾忌："在这方面我是最棒的！在这方面我是最棒的！"

这并不是说通过这种方法人们一点儿也没法更快乐。比如，有些心理治疗师会建议他们的病人坚持写快乐日记。每天晚上，他们要在日记中写下这一天中最让他们快乐的三件事情。这种治疗法和伪科学一点儿关系也没有，因为这根本不是强迫潜意识相信什么，也没有刻意编造现实。

这个方法是为了帮助人们不要继续隐藏自己生活中最重要的、最有力的真相，更不要始终生活在童年时造成的阴影中不能自拔。因为不放手过去的经历，只能阻止并妨碍我们的潜意

识解放自己。更有意义的做法，不外乎从新的角度观察并认识
这个世界。

　　在本书的下一章中，我们会继续看到这种能力还能给我们
带来什么。

第二章

当正常不再正常

当正常不再正常

曾有一位书评作者在评论我的第一本著作《只有脑子不正常的人才会去那里——一个女心理治疗师的日常》时这样写道："本书作者总是如此频繁地迫使病人面对他们自己，而这正是他们自由的意愿所极力避免的。同样，他们也一起细致入微地观察我们'正常'运行的社会。通过他们的观察，我惊讶地发现，原来，在我们这个自由的社会中，社会标准拥有那么大的力量。"

不过，更多的时候——这也是让我感到非常可悲的原因——社会的标准并非让那些患者备受折磨的因素。真正折磨他们的问题其实是他们自己心中对正确与错误标准的判断。还有一个更复杂的，甚至是时时刻刻困扰他们的问题，那就是，别人怎么判断他们的行为，他们的哪些行为可能是别人认为对的，哪些可能是别人认为错的。

我的一位女性患者曾经问我："在我叔叔去世的时候，我才震惊地发现自己是一个多么冷酷的人。我非常担心自己会变得麻木不仁。我想知道，会出现这样的现象，到底是什么原因造成的呢？"

仅仅几分钟以后，答案就被找到了：这位女性患者既非冷酷无情，也非麻木不仁，她只是成千上万的与自己的潜意识失去联系的人中的一个。

谁要是能够完全信任潜意识，相信每一个被潜意识所拒绝的决定都是有充分理由的，那么即使是理智的决定与自己的感觉相反，他也不会怀疑自己的感受。例如：自己对某位亲属的去世所感到的悲伤到底是太少还是太多。他不会用这种方式评价自己体会到的感觉，而是清楚他有权利拥有自己的个人感觉，而这种感觉之所以会产生，是有自己的理由的。

当然，他很有可能会对自己的悲伤程度没有足够强烈而感到疑惑。不过他不会责怪自己，而是把自己当下的感受当作一个显像，并以此来反思这位叔叔在他过去的生命中所扮演的到底是一个重要的还是一个没有他想象中那么重要的角色，抑或是他应该把这个显像当作是潜意识对自己的保护？也许，他马上就会有一个特别难的考试，而且还必须通过。正如上文的例子中提到的——潜意识关闭了我的感觉系统——正是为了防止我在开车的过程中发生车祸。

与此相反，谁要是与自己的潜意识失去了联系，那么他只能不停地问自己，到底多大程度的悲伤是合适的，多大程度的是不合适的。人们常常喜欢做的事情是凭个人想象判断在我们这个真正的自由社会什么是被允许的，什么又是不被允许的，在多大程度上不被允许。那些对别的人来说早就屡见不鲜、理所当然的事情，对他来说还远远没有被允许。

来参加心理治疗的患者通常都不是那些由于不符合普通标准而看起来完全不正常的人。到我们这里来就诊的往往都是那些为了符合社会上的标准而委屈自己，无论如何也要强迫自己适合标准的人。面对自己内心的力量时，他们不仅不去深入地挖掘，还不珍视、不爱护，也不精心养护以使其能更好地工作，反而扭曲它，甚至直接将其埋葬。

这里有一个例子。

这是一位上了年纪的女性患者。她的先生几年前去世了。

从一开始接触，我就发现她是属于比较难以诊治的那一类。因为她在诊治的过程中没有将她的注意力放在自己的身上，而是全部放在我的身上。她理解不了自己来我这里到底是要达到什么目的，因为她把所有的精力都花在观察我是如何对她做出反应上。

观察别人对她的反应，并不仅仅只发生在诊治过程中，而是每时每刻都发生在她的生活中。我从她的讲述中发现，她观察她早已从家中搬出的儿子们的反应，她也观察那些只与她有泛泛之交的人，比如她的家庭医生或者是她经常光顾的商店里的店员。

她之所以几乎完全不能感受自己真实的内心的需求是什么，是因为她将全部精力都投入到猜测别人是如何评价她自己的这一问题上。在她生气的时候，她不会将自己的愤怒表达出来，而只是说："我到底做了什么事情让你对我这么不友好？"一个完全让对方找不到方向的问题。

即使是在她的孙子对她送的礼物表现得非常高兴的时候，她也不能与其一起享受这份兴奋，而是说："看，奶奶还是能做点儿事情的！"

从她的讲述中，我了解到，在童年时代，她就被要求做一个"听话的好孩子"。换句话说就是，不要听从自己内心的声音，而是将自己培养成一个符合周围人所认定的标准的人。我在这位女性患者身上所感受到的就是，她将自我丢失了。如果她感到别人对她友好，那么她就认为是因为她做对了什么事情；如果别人对她不友好，她便不能够分辨，这种不友好的方式是否是对方待人处事的风格，而只是一味地将这种反应归结为自己做错了什么事情。

在一次诊疗中，我们谈起了她的一次老同学聚会。

"你觉得，没有人喜欢我，可能是什么原因造成的？"她问我。

"为什么你会认为没有人喜欢你呢？"

"没有人来跟我聊天。可能是因为对他们来说我太穷或者太胖了吧。"

"为什么你认为去参加老同学聚会的人会仅凭一个人的收入或者身材来评价昔日的同学呢？"

"他们都比我有钱。我只能一直坐在屋子角落的位置上。"

在这个时刻，该女性患者陷入了一个她不能逃离的世界观。虽然这个世界观对于她的年纪来说显得过于幼稚，但她在心里牢牢地铭记着：假如我符合大家所认定的标准，那么大家就喜欢我；假如我不能符合大家所认定的标准，那么我也不必惊讶，大家会不喜欢我。

正是这种认知妨碍了她去感受自己内心的需求是什么。也正是这种认知妨碍了她去追寻生活中的快乐。

在老同学的聚会上，她不能主动对自己说：嗨，那不是海因茨吗！我要坐到他的旁边，去问问他最近过得怎么样。如果她能这样做，那么她一定会享受一段有趣的对话。她选择做那个听话的孩子，安静地坐在角落里，事后只能由于没有人与她搭话而陷于巨大的失望之中。

做一个正常的人，难道这个愿望一点儿也不正常吗？还有，到底什么才是"正常"的行为？

"正常"是一个通过统计得来的定义。在统计学中，有一种正态分布，正态分布的中间部分集中了绝大多数的样本。这中间的绝大部分被认为是通常意义上的正常。举例来说，如果我想计算每个就业人员每年生病多少天属于"正常"范围。我就应该先调查在德国一共有多少就业人员，一年中他们一共生了多少天的病，然后再用总共的天数除以总共的人数，最后的结果就是每个就业人员每年平均生病多少天。这就是所谓的"正常"。

这种统计学中的算术平均值并不能精确到分毫不差。所有的就业人员中，大多数都比这个平均值多病几天或者少病几天，甚至还有的人一天都没有生病，有的人生病的天数远远超过平均值。这就是说，这个衡量"正常"的标准实际上是将"特例"作为"普遍"的代表了。假如我们不是企图从所有的东西中提炼出一个规律，并坚持所有的东西都必须符合这个规律，尤其在此之前还制定一个精确的运行准则，那么我们就能对我们所认定的正常更加宽容。

正常并不是位于正中间的那个唯一的数值，正常是一个能够在平均值上下左右浮动的范围。统计学家们将这个范围称作标准偏差。这并不是我要说的重点。我要说的是，我们应该为我们定义的正常行为也划一个范围，所有属于这个范围的行为，虽有小异却仍属于正常的行为，不论是生病的天数，还是某个场合的着装要求。当然，也包括感觉。

对于什么是"正常"的思考，什么是"不正常"的思考，并不仅仅是一件将心理疾病患者的生活变得更加困难的事情，而更是一个在每个时代都应该被思考的问题。

例如，前不久在网上的一个论坛中有过一个关于阅读口味的讨论。讨论的结论是所有男性读者都更偏爱男性作家写的小说，而多数女性读者也同样偏爱男性作家写的小说。

一个女性参与者在结论的下方评论道："我觉得我在这方面有点儿不正常。我读过的书都是女作家写的。"

我不正常，我在奶酪面包上涂果酱。我不正常，我更愿意在旅馆过夜而非朋友家。我不正常，我跟猫聊天。看起来，时时测量自己的行为是否符合正常的标准对大多数的人来说简直是理所当然。所谓标准，就是大多数人的行为方式，或者至少是他们能够接受的大多数的行为方式。对他们来说，如果不能在行为方式上与大多数人相同，那么就会让他们感到非常不自在。

更有可能的情况是，他们已经做好准备，随时强迫自己，以适应那个正常的方式，也就是说违背他们自己的本能或者潜意识。

接下来，让我们一起来看一个有趣的试验。

社会心理学家曾经研究过一个课题——人们在群体中的行为。

20世纪50年代的时候，一位名叫艾什的社会心理学家所做的试验结果显示，人们会不惜一切代价只为与身边的人行为一致，即使是要付出违背自己所坚持的信仰。他的试验是一个单纯的接受类试验。在一张纸的左半部画有一条直线，在右半部画有三条长短不一的直线。参加试验的人需要从右边的三条直线中找出一条与左边那条一样长的直线。百分之九十五的参与者都能够在十二轮测试中毫无错误地通过，毕竟这些直线的长短显而易见。也就是说，这是一个完全不需要动脑筋的问题。

而另一组试验参与者的表现就完全不同了。与前一组不同的是，这一组的参与者受到了试验助手的暗示。试验过程中，受到暗示的参与者不断地做出错误的选择——如前所述，答案其实是显而易见的。那些误导性的暗示将整个试验的误选率明显地提高了，因为最终只有四分之一的人选择了正确的答案！

试验助手对该组成员暗示的方法非常简单，当一个试验参与者开始选择正确的答案时，两个试验助手一起选择同一个错误的。这就表示：一旦我们自己的观点异于其他人，而其他人又恰好占多数——无论他们比我们多多少——我们也会倾向于改变自己的观点，即使我们知道或者猜测对方的观点并不正确。

我们给出错误答案的原因，并非为了让自己显得比别人聪明，真正的原因是我们产生了最深的疑惑，不得不怀疑自己的决定是否真的是正确的。

当我们是少数派中的一员时，我们不时就会怀疑自己。

在这里，我想给你讲一个十三世纪土耳其寓言家霍加·纳斯尔丁所讲的故事。

这个故事的名字叫作《父亲、儿子与驴》。

一位父亲与他的儿子在集市上买了一头驴。在回家的路上，父亲骑在驴背上，儿子则走在驴的旁边。路过的行人看到他们后，说道："你是一个什么样的父亲啊！自己舒舒服服地骑在驴背上，却让自己的儿子用小短腿拼命地在旁边追着跑。"

于是，他们做了交换，儿子骑在了驴的背上。不久以后，他们又迎面遇到了一个行人。行人说："你可是没把你的孩子教育好。他凭什么小小年纪就能骑在驴背上，而他的老父亲却必须在旁边跟着跑！"那个儿子只好从驴背上下来。

现在父子两人都走在驴的身边了。这个时候，他们又迎面遇到第三个行人。这个人不能抑制地大笑起来。"你们真是两个笨蛋！"他说道，"你们有一头驴，却还要自己走路！"于是，父子二人全都骑到了驴背上。

然后，他们遇到了第四个行人。那个人用尽全身的力气对着父子二人大声骂道："在他们把这头可怜的驴累死之前，必须将这头驴从他们身边救走！"至此，除了把这头驴绑在一根木棍上抬回家以外，父亲跟儿子再也没有什么更好的办法了。

由此可见，人类在几百年前就认识到：如果我们总是依照别人的价值观调整自己的行为，那么我们是不会得到什么好处的。而且更重要的是：通过这样的做法，我们将会把自己长时间以来内心中非常珍视的东西破坏。当人类的祖先决定离开海洋，尝试着在陆地上生活时，他们就不再符合那个时代的标准了。

我们有一个不可思议的内在标准系统，它比我们都老得多，它比我们人类都老得多。总是无视它，甚至责怪它，对我们并不好，甚至会让我们生病。那些文明标准认为是正常的事情，对我们的心理健康可能会起到极其恶劣的影响。因为我们每一个人都是完全不同的，每一个人都有自己的性格特点。在我们呱呱坠地的时候，就已经怀有不同的脾气秉性，不同的身体特质——正如中国古代的一句古语——对你来说可能是蜜糖，很可能对他人来说就是砒霜。

这也正是为什么现代心理学家与现代心理治疗师在给患者提建议的时候，总是异常谨慎。因为我们知道，人与人之间是多么不同，如果不同的人使用相同的方法，那么对他们来说，伤害要远远大于帮助。

人们是多么经常地用猜测"别人"做什么来决定自己应该做什么，以及与此同时，又是多么经常地违背自己智慧的潜意识所发出的建议，我们将在下面的章节中给你展示更多的实例。

跟猫聊天以及自言自语

　　这是一个一直不断困扰我的现象，出于这个原因，我将较为详尽地描述它。

　　事实上，每一个我认识的饲养宠物的人，不论他养的是狗、猫、鸟，还是什么别的动物，都向我讲述过相同的经历。假如有人细心观察他们独自一人与他们的宠物在一起时会做什么的话，那个观察者肯定会觉得他们不是正常人。原因就是他们会跟自己的宠物聊天。

　　如果我继续问下去，在你的想象中，这个认为你不正常的人应该具有哪些特征，那么我几乎毫无例外地会得到同一个答案：比如说，他是一个不养宠物的人。好吧，这样的话，至少有百分之五十五的德国人不具备这个特征。

　　上述这种情况是否能够表明，多数人其实能够理解我们的行为，而恰恰是我们自己对自己与生俱来的本能（在这种情况下就是与其他生物交流）怀有误解呢？我们只是凭空想象出一个人物，再主观地认为这个想象出的人物有可能认为我们的行为有问题或者可笑，然后就开始怀疑自己的行为不正常。我们是否一直都生活在害怕被责怪的恐惧中呢？

在这种情况下，我们也同样可以信任我们的本能。我们当然会跟自己的动物聊天！假如不这样的话，那才是一点儿也不礼貌呢！因为宠物们也是会跟我们说话的！比如说，猫与猫之间就存在着交流，只不过它们不是用声音交流，而是全凭肢体语言。不论是否是由于猫发觉人类太过愚蠢，根本不能理解它们的肢体语言，还是它们明白人与人之间是通过语言来互相交流的——反正绝大多数的家猫都在进化过程发展出了一套功能完整的、只用来与人类交流的语言系统。

我家养的猫时常就会发出一种完全一样的叫声。这种叫声让我和我的先生困惑了好久也不得其意。直到有一天，我灵机一动，终于明白了它的意思。这种叫声翻译过来的意思就是：顺便说一声，我正在跟我的粉红色小老鼠玩儿呢！

我之所以能够想到这一点，是因为我的猫从来不在其他的情况下发出这种叫声，也不在玩其他玩具的时候发出这种叫声。不论什么情况下，每当我家的猫发出这个声音的时候，那么它不是正叼着这只粉色的小老鼠跑来跑去，就是正趴在它这个心爱的玩具前方。

我破译这种叫声的契机源于一次新书试读的经历。在那篇文章中，作者指出他的猫会毫无例外地在同一种情况下发出同一种叫声，翻译过来就是：顺便说一声，我正跟我的小毛绒号角玩儿呢！

由家猫自行发展出来的与人类交流的语言各种各样，完全不同。当猫发现它们理解我们的能力比我们理解它们的能力好得多的时候，它们就会停止继续发展自己与人类交流的语言。这样的结果其实并不难理解。事实上，人类的肢体语言也是声音语言的扩展，即使我们自己还没有意识到这一点。当一个人在说出一个词语的时候，其语义与当时说话人的声调、面部表情以及神态不相符的时候，我们就会选择相信他在说话时所表现出来的肢体动作。因为正如大家所见，我们的潜意识能够从长年积累的经验中知道：人类可以轻易地用语言撒谎，而用身体姿态撒谎却非常困难。

请你设想这样一种情况：一个仍旧与其母亲共同生活的成年男性，至今都还没有真正严肃地考虑过什么时候离开家独自生活。某天晚上，他突然大胆地决定与某位男同事相约去喝上一杯啤酒。或者，更加反常，当晚与他相约共饮的是一位女同事。在他把这个不寻常的决定告诉他母亲的时候，他母亲的回答是："好的，尽管去吧。"

你一定能够想象得出，这位母亲要用什么样的语气说出这个短句，才能够让儿子在坚定出门约会决心的同时，还会认为："太棒了！显然她并不介意独自消磨一个晚上的时间。"然后一身轻松地出门去。

你也一定能够想象得出，这位母亲如何用另外一种语气说出同一个短句，便会直接导致她的儿子在门前停下脚步，回头问道："你还有完没完？"从这一时刻开始，我们就可以把一个令人沮丧的故事无穷无尽地写下去。我们是能够多么经常（并且正确）地诠释一个非语言信息所表达与传递的意义啊！

"怎么了，我不是说你可以去了吗？"（翻译：坏了，被他看出来了。我还是别吵下去了。）

"可是，你给我的感觉是，你不想让我出去。"（翻译：我的潜意识可比我的理性思维聪明得多。它告诉我的信息跟你说的正好相反。）

他们两人整个晚上都会在如上的争吵中度过，这样的情节多么像电影里经常出现的——百分之百是以人性被摧残为结局的家庭伦理片。

让我们回到动物能理解人类的能力这个话题上。

在电视综艺节目《想挑战吗》中，曾经有一条狗向观众们展示了它能够区分超过两百个人类常用的不同玩具的名称的能力。它能够通过聆听语言指令，取来每一个它所知道其名称的玩具。在另一个电视节目中，一位记者来到这条狗的女主人家，并将一个麦克风放在保存这条狗的玩具的地方。当它的女主人对它说"去把那个麦克风拿来"的时候，这条狗就去那个房间取那唯一一个对它来说陌生的东西——麦克风。

即使是一个月以后，这条狗依旧能够清晰地记得它只听过一次的"麦克风"这个名字。这样的智力与一个三岁的孩子相等。

那条在电影《小猪宝贝》中饰演角色的母边境牧羊犬切尔西，被美国科学家们调教得可以辨别千余种不同种类物品的名字。不过，在这以后他们就停止教学了。原因并不是由于切尔西的智力达到了极限，完全不是。真正的原因是，那些科学家们必须去完成另一个项目，所以他们没有时间确认这条小狗到底还能学习多少不同的东西。

写一份耸人听闻的标题博取读者眼球的路边小报需要的词汇量大约为四百，写一份有深度的杂志需要的词汇量大约为五千。如此算来，我们再也没有理由将我们的宠物看成与人类完全不同的物种。特别是在它们掌握外语能力这个方面。与它们恰好相反的是，我们人类的学习能力——的确是比不上动物的。你要是不同意我的说法，那么就请你告诉我，哪个人能正确辨识超过一千种不同狗叫声的意义。

综上所述，我认为对自己与动物说话的行为感到羞耻的人，多多少少有些神创论者的倾向。让我多说一句，神创论者是那些当科学理论与《圣经》里的内容相悖时，就选择拒绝科学理论的人。对这些人来说，我们所生活的世界在几千年前只用了六天的时间就被创造出来了。在他们的信仰中，人类也没有动物类的祖先，恐龙的灭绝是由于上帝亲手将它们埋葬了，只是为了考验我们人类对他的信仰。

在几百年以前，我们还坚信，人与动物是有着本质区别的，因为上帝是在完全不同的两天中创造的动物和人。而人类是在认识到了进化论的事实以后，才开始系统地研究动物与人的共同之处。现在我们甚至能够多多少少地确定人类的基因在多大程度上与哪种动物相吻合。当科学家们宣布，人类的基因不仅在百分之九十七的程度上与红毛猩猩相同，而且也有与老鼠相同的部分时，我们不会再被惊吓得缩成一团。

当然，上面讲述的内容都是从事实的一个角度所观察的结果。不仅动物在智力方面与人类的相似程度超过我们的想象，而且在对本能的依赖上，人类也同样非常接近动物。换句话说就是，人类比自己想象得更依赖自己的本能。

如果我认为，我应该像对待一件物品一样地对待动物，那就说明，我认为自己是比动物高级得多的生物。如果我了解生物进化论，那么我就会与前者相反，认为自己与动物有着非常多的相同之处。

人类之间的交流最初也是从音节开始的，之后才慢慢发展成为后来的语言。如此看来，还有什么理由能够阻止我们与动物交流呢？基于毫无科学理论的原因而刻意地强迫自己不再与动物聊天，这样是放弃本属于我们自己的特质的行为。除此以外，父母们总是在婴儿刚出生甚于出生前就开始跟他们聊天，即使他们知道此时的婴儿根本无法理解他们所说的任何一个词。父母们之所以这样做，正是因为说话是我们与他人取得联系的方式。

与跟动物聊天相似的现象是跟自己说话。这个现象同样是属于我们的一种非常特别的行为。一般来说，我们认为其他人对该行为会有负面的评价。现在你一定猜到了：即便是跟自己说话也是绝对健康和自然的事情。自言自语之所以给人们留下了非常不好的印象，可能是由于你听到过患有严重心理障碍的那些人常常在马路上大声地谩骂。

话说回来，这类心理障碍患者中有很多人还患有精神分裂。他们根本不知道，自己已经把心中所想的事情大声地说出来了。

而他们大声的言语让我们不断地感觉他们想从外面的世界索取什么。这种心理障碍现象与日常自言自语的关系就如同我们随时随地的呼吸与严重呼吸困难的肺病之间的关系一样少。你肯定不会为了不得上肺病而停止呼吸吧？

将头脑中的想法大声地说出来能够促进幼儿快速地学习并掌握用语言描述出来的本领。大约两岁的时候，他们就可以开始解决简单的日常问题。三岁到五岁的时候，他们就能明显更快地解决同等水平的问题。到了大约六岁的时候，他们又会失去这个能力。这个能力的消失也是一个非常有意义的发展。

请你设想一下，假如学校里整个班级中都是大声说话的学生，那么其结果只能是互相影响。大多数成人只有在独处的时候才会自言自语，这能够帮助他们更好地集中注意力。也可以说，自言自语有助于将深层的尚未有条理的思想有逻辑地整合起来。这个方法同样也能辅助成年人更容易地解决问题，完成任务。

目前，自言自语这一现象主要在运动心理学领域被集中研究。科学家们想要找出运动员激励自己的方法。在这项研究中，最为有意思的一部分是确定哪些话语能够特别有效地激励运动员自己取得成功，而哪些会起到相反的作用。

这个能力也由于长久以来的误会而背负骂名，更不要提那些长久以来被不断扩散的错误解释了。眼下，电视上正在热播一个网上旅行社的广告。在广告中，一位女士身着比基尼，躺在沙滩椅上，自言自语地讲着马上就要到来的假期。突然，她打断自己道："我在跟自己说话——这真是疯狂的表现！"

我猜你一定能够想象，看到误解被如此大范围地传播，心理学家们又会做何感想。即使是我们正在边吃晚饭边看电视，并没有真正理解广告想要表达的内容，可是广告中演员所说的话还是被我们的潜意识捕捉到了。我们勤奋的潜意识只负责收集并储存信息，并不负责对其加以评判。所以我们听到的无稽之谈越多，我们就越是会相信它们。

看起来"我这样做到底是不是正常？"这个问题一直在困扰着我们。只不过，在同一件事情上，我们对自己评判的标准与对其他人的评判标准并不完全相同。谁要是不了解健康的心理是如何工作的，那么就会选择谨慎的处事法则限制自己并且定义：正常就是跟其他人一样，不正常就是跟其他人不一样。

讽刺的是，许多人认为心理学家与心理治疗师评价一个人的心理健康程度是看他是否"正常"。他们经常给我们讲述在他们看来彻底"疯狂"的事，然后会惊讶地发现，我们不但认为这些事情完全正常，而且还非常有助于心理健康。

我们心理治疗师的目标本来就是帮助人们对自己的状态感

到满意，并学会与自己、与自己所生活的世界和谐相处。

　　显然，我们都知道，能够做到不被正常的标准所禁锢对我们大家都有好处。

　　让我们相互观察一下吧，如果人们都不在乎"正常"的法则，又会发生什么样的事情。你也会明白，为什么这是一种比任何一种抗衰老剂都能更加有效地令青春常驻的方法。

给正常叫个倒好

　　大卫·麦克德莫特与皮特·麦克高夫两位艺术家已经坚定地以他们曾祖父母的方式生活了很多年了。他们穿那个年代的绅士礼服，将家中的电器设备做了极简化的处理，而且，当大卫·麦克德莫特需要到隔海的国家去时，他选择不坐飞机，而是乘坐玛丽王后号轮船。

　　由于他没有自己的电脑，所以也不用电子邮件与其他人交流，他会用钢笔在纸上给人写真正的信。最后，他还会在信封证明的一角贴上一枚也是来自那个时代的古老的邮票。不过，为了能够将信寄出，他不得不在信的背面再贴上一枚现在邮局发行的通用邮票。而且，他只将通用邮票贴在信封的背面，也是为了不破坏这封信的整体美感。

20世纪80年代的时候，一位苏格兰医生大卫·约瑟夫·威克斯曾做过一项研究。其研究的内容是：在不生病或者被迫害的情况下，如果人们的生活方式在很大程度上偏离正常的方式，会对其造成哪些影响。换句话来说，他研究那些被定义为行为怪异的人——按通常的说法就是不从众的人。这项研究的研究对象是在统计结果中大多数正常人范围以外的人。

当然，我在这里所说的人群完全不是那些自私自利的、将个人利益置于一切之上的人群。他们是那些既能够与自己潜意识的需求和谐相处，又能够在实现自己个人愿望的同时不打扰其他人的生活的人。当我的熟人们向我讲述起他们所看到的这类不寻常的人时，最后都会加上一句："也许对你来说，这是个病例。"

正如我前面已经提到过的，在大多数人的观念中，心理学家与心理治疗师的工作就是确定哪些人不是按照人们通常认为的正常方式生活的人，再向其解释其行为属于不正常的心理疾病，最后对其加以治疗。除此以外，没有其他的作用。而现在你已经知道，这样的想法根本就是无稽之谈。

大卫·威克斯在其试验研究的最初阶段也必须首先明确人们是如何区别行为特异者与心理疾病患者的。他发现行为特异者与精神有问题长时间以来被认为是具有极为相似甚至是相同含义的。两者都是用来描述那些行为方式不常见的并且大多数人对其行为不能预料或者感到不适的人。

在威克斯研究的上千人中，真正的行为特异者实际上几乎找不到。他估计真正符合行为特异者定义的人可能只占人类的万分之一。在他所研究的人中，有一个始终倒着行走的印第安人，他只肯在一个自己建造的十字路口一圈一圈地骑自行车和骑马；还有一位女士，她宣称自己已经钻研过所有的物理定律，所以她确定，人们能制造出永动车来。之所以称为永动车，是因为它不必消耗任何一种能源，仅凭自己制造的能量就能被驱动。她的这项重大发明创造的进程被某次试验中发生的严重火灾所中断，不过这并不能阻碍她锲而不舍的创新精神。

这些人到底是不是心理疾病患者？很有可能，但不能确定。心理学家们所感兴趣的研究领域正是导致人们行为如此怪异的原因。

他们是心理治疗师的典型病例吗？完全不是。心理治疗师帮助的是那些对自己的心理状态困惑的人。

正是由于这个原因，使得行为特异者与能够从心理治疗中得益的患者有着本质的区别：前者不但不为自己的心理状态所困惑，而且，事实上，他们还对自己的生活状态非常满意。这些人总是有异于常人的想法，而且还能不顾及其他人的眼光，将其付诸实践。他们早在自己的孩童时代就显示出了巨大的好奇心。当人们将"没有为什么"作为答案搪塞他们的问题时，这些孩子就会感到非常不满。

我突然想到一段自己的经历。我上小学的第二天，老师教我们写字母"O"。"它看起来像是一个鸡蛋。"老师解释道。你知道我做了什么吗？我让我的"鸡蛋"都横躺在本子上的横线间，让它们在格子中间睡觉。然而"睡觉的鸡蛋"并不符合标准。我的作品被老师评价为差。这个结论让我在一瞬间对这个被称为学校的机构产生了怀疑。

几年以后，我在一个儿童科普电视节目中看到，主持人教给小观众们用十二根折叠的纸条与一些胶水制作立方体的骨架。现在我已经想不起来到底是什么突然吸引了我，反正在看过节目以后，我一连几个星期不停地做了一堆大大小小的立方体骨架。家人们都问我，做这么多立方体骨架是要干什么。这个问题我真的回答不了。又过了一段时间，我终于对这个游戏失去了兴趣，于是，我把所有的作品集中到一起，扔到了纸篓里。

如此看来，若是想成为一个真正的行为特异的人，自己还缺乏一些持之以恒的精神。

从我们还是孩子的时候，父母就不断地教导我们，不能把在吃饭时家人之间的对话向邻居们转述。现代的父母不断教导他们的孩子穿衣要遮体，不能每次得不到自己想要的东西时就大喊大叫。换句话说就是，我们学习在人类共同生活的社会中关于"正常"的规则，这的确是一件好事情。

不过，话说回来，与所有其他的事情一样，遵守"正常"的规则也存在着过犹不及的问题。如果有人在餐馆里非常大声地喝汤，以至于每一位食客都能够清楚地听见，这的确是不太符合一般社会行为规范的。同样的道理，如果有人永远将最后一口汤遗留在他的汤碗中，是因为他感觉自己所属的阶级以捧起汤碗喝光最后一口汤为耻。这样的行为对我们来说也不能算是十分符合正常的标准。

作为孩子，我们常常没有勇气将潜意识传达给我们的创新想法付诸实践。许多人的梦想最终都是被这样一句话打破的："其他人会怎么说啊！"行为特异的人就是那些不被其他人的看法所影响的人或者就是固执地保持着自己创造力与乐于尝试精神的人。

威克斯的试验研究还显示了一些结果，行为特异者不怎么在乎付出与收获，他们敢于将全身心都投入自己感兴趣的事情之中，并且拥有相当的幽默感。对威克斯来说，行为特异的核心就是创造力。人们也可以这样说：谁要是过分在意社会对正常的定义，不敢相信自己的潜意识所告诉我们的惊人创意或者解决方法，谁就很难有什么创新。

更加令威克斯惊奇的事实是，那些他所研究的行为特异者群体的健康状况远远优于平均水平，而且，他们看起来也比其实际年龄要显得年轻得多。当威克斯综合评价所有试验参与者的个人简历时，他还发现行为特异者能够达到较之普通人更高的生活期望。他相信，这是由于行为特异者不会一直将自己与他人进行比较，这样他所承担的压力也比一般人更少。这对他们自身的免疫系统更有好处。

换句话说就是：我们越少强迫自己符合统计结果所显示的平均值，我们就越少地刺激压力荷尔蒙释放的皮质醇，影响我们的健康。我们越是能够信任自己的潜意识，听从它的建议，其最终结果就越是对我们自己有益。

成为异类或许没那么可怕

问题是：为什么我们这么禁锢自己？难道是由于我们对他人的评判怀有巨大的恐惧，所以不管怎样都要成为"正常"的样子吗？

在我们的生命里，我们是否得到了足够的爱与珍视？我们又是否时时将其珍藏于内心？这些问题的答案能够帮助我们内心变得强大，乐观还有助于我们从被批评的阴影中走出来。假如我们得到的爱与珍视太过稀少或者是只有在某种特定情况下才能得到，在这种条件下，我们的心理健康状态就如同正常人少了一条腿一样，甚至还可能会由于某个自己臆想中的拒绝而跌入黑暗的深渊。

倘若为了被爱或者至少是为了不在某个地方被其他人当作异类所观看、不成为那个最为与众不同的人，我们就必须牺牲一切，那么我们同时也会失去与自己潜意识的联系。但我们的潜意识对我们自己的了解比我们的理智思维要多得多。

话说回来，或许我们时时修正自己以适应环境的行为也许并没有错误。因为我们已经经历过太多次一个人是如何被其他人所评价的了，甚至我们自己也是评价自己中的一员。

我们被邀请参加一个聚会。其他参加聚会的人会穿什么服装？他们会带什么礼物去？他们会去自助餐台取多少次食物？当其他人与正常的标准有些差距时，我们会认为是可以原谅的。也许，事后我们会背着他们议论，谁穿得太过隆重？谁又穿得太过寒酸？谁带来的礼物太过廉价？谁带来的又太过昂贵？谁抢到最好的那份食物，而最后却根本没有吃完——换句话说，谁的预估偏离了人们感觉中的标准——要知道，所谓感觉中的正常标准在人与人之间的差别可能非常之大。这个道理我们已经在《父亲、儿子与驴》这个故事中看到了。

我们当然可以尝试完全不被别人所注意，也就是说，尝试从来不被流言蜚语所中伤，从来不被其他人当作饭后的谈资——可是，这基本上是不可能发生的。很多人不只害怕其他人会如何谈论他们，他们甚至还害怕其他人会对他们有什么想法。

假如谁这样做的话，那么，他就是允许自己以孩子的方式思维——也就是说，不断地尝试掌握这个世界运行的规则。而且当他被"抱怨"时，就会感到羞耻。这个人不会把自己当作一个单独的个体，当作一个独一无二的人，有着独一无二的故事与独一无二的基因特质（至少当他不是同卵双胞胎中的一个）来对待。人们既不会询问自己行为的原因，也不会接受自己如指纹一样异于他人的性格特征，反而只会为其感到羞耻。

人们当着我们的面会说的话与他们对我们的想法——甚至可能背着我们与其他人谈论我们的话总是有着巨大的差别。很多人把这种现象当作是没有人可以信任的标志，也当作是被那些他们认为是朋友的人所欺骗或者那些人是两面派的标志。

可是，正如前文所述，科学家们并不这样认为。当他们研究一种行为现象时，并不会在一开始就为其贴上好或者坏的标签。他们首先会以完全客观的眼光观察，同时问自己该行为是由于什么原因出现的，它有什么作用？而绝对不会主观评价。随意揣测他人——这个普遍的社会现象已经被社会心理学家当作一个该专业领域的重要研究课题。

我们在孩童时代就明确地知道，人与人是非常不同的。即使是我们的父亲、母亲、兄弟姐妹也不会总是意见一致。你知道这是非常含蓄的表达方式。在日后的成长过程中，我们还发现，我们虽然总是能够与自己的伴侣、朋友、自己的孩子友好地相处，但是我们心里也非常清楚，我们时不时地都会经历这样的时刻，这些亲近的人会在突然间显得与我们不同，突然间让我们觉得是那样陌生。

虽然这一点总是被一再重提，不过这并不能改善我们的情绪。只是说："我不能明白，你怎么……"的人是找不到朋友的。在友好的共同生活关系中，强调人们之间的联系远比强调人们之间的区别要有意义得多。

常常让我们不能理解的是，当人们在一起共度一段时光以后，总会出现这样或者那样的矛盾。谁要是有过与朋友共同度假的经历，就一定能够吐出一大堆苦水。不过，与那些多年生活的伴侣相比较，同朋友出现矛盾的概率更大一些。因为那些伴侣早在长年的共同生活中学会了理解对方的习惯，了解了对方的个性，在相处中找到了求同存异的平衡。

如果在我们与朋友结束一场类似上述的旅行抑或只是共度一个短暂相聚的夜晚之后，转头就向别人抱怨在一起的时候发生的所有问题的话。通常情况下，其他人就会告诉我们，这样的经历恰恰证明了没有人是可以信任的——所有的人都会背着当事人与其他人说他（或她）的事情。

事实上，人们惯常的想法可能是：宁可选择跟其他人抱怨与自己关系亲近的人，也不愿意当面指出那些与自己亲近的人是如何让自己感到陌生与不适的，因为他们不能承受失去这些人的后果，而每一次当面指出对方让自己不快的行为都会威胁到两人之间的关系。

我认为在上述两种行为中存在着的事实，都是属于我们的特质。那些背后的抱怨正如其中包含的忠诚一样，都是我们渴望过上美好生活的愿望的表现。

我们把什么定义为可以接受或者是符合内在的标准，完全在于我们把什么当作评价的标准。正如我们所知，从一个国家到另一个国家，从一种文化到另一种文化这些标准是多么不同。幸运的是，我们中大多数人的所作所为并不会触犯到法律。当然有人也根本不把法律当回事儿。在他们眼里，法律只是碍手碍脚的东西。没准儿他们什么时候早就进过监狱了，而他们每天竭尽所能做的事情就是保证自己不被抓到。这只是一种极端现象。

假如我们满足其他人的所有要求，那么他们就真的永远、永远、永远不会在我们的背后向其他人抱怨我们了吗？这样的行为只会把我们自己逼疯，因为我们都是观察者。作为观察者，与人分享我们观察到的东西正是我们的心理需求。只有圣人才能够包容他身边的所有人，并且从来不会觉得他们讨厌。小孩子们会把自己心里真实的想法直接说出来，可这种行为与诚实完全扯不上边儿，这只是缺乏自我控制的表现。

是的，在我们的社会中存在大家必须遵守的规则，而我也绝对不会召集起所有的人，共同将其打破。我也不会建议人们忽略内心总在反问的声音，不在乎其他人对我们的想法。至于我们为什么不应该冷漠地对待周围的人是存在有说服力的原因的，它们既有心理学又有社会学上的解释。

我喋喋不休地跟你说了这么多——正如我长久以来对我的患者们所做的一样——只是为了让你不要再宽以待人，严于律己。请你想象一下，当你再一次前思后想考虑某件事情你做得是否合适的时候，你不如换成这个问题，你自己会对其他做出同样行为的人持何种想法呢？假如你觉得其他人有如此行为的时候，你不会对他们有强烈的异议，那么为什么其他人会对你有异议呢？

倘若你像奴隶一样兢兢业业地使自己成为统计结果中的平均值，那么你所承担的健康风险要比因为偶尔大声吹一声口哨而引来众人的侧目所承担的压力要大得多。

这些正常标准的困扰并不只发生在那些对于暴露在人前感到不适的人或者是不愿意给别人添麻烦的人身上。它同样也作用在那些把与自己根本无关的人看得过于重要的人身上。到底什么是正常的标准，每个人都有自己的标准。很多父母已经认识到，并不是他们的每一个要求都会被孩子们在生活中如愿以偿地正确执行。最经典的说法就是："要是有人让你从窗子跳出去，你也会跳吗？"

世界上也有没把事情做得完全正确的人，或者至少当人们猜测自己并没有完全正确地处理某件事情的时候，他们也常常会为自己找这样的借口："其他人也会这样做的。"看起来，即便是军火走私商也可以用相同的借口为自己开脱："即便是我们不走私的话，也会有其他人走私的。"

当我们费尽心思想弄清楚人们为"正常"所定义的标准时，不仅是由于我们致力于将事情完成得完美，而且还由于我们做错了事情。这样的现象在交通事故中最常见到。某些例外经常会被人滥用。因为越来越多的司机在转弯的时候不打转向灯示意，这就造成了更多的司机也效仿他们的行为。因为很少有人严格遵守速度的限制，所以我们也减少了对这些标志的注意。

其他人也是这么做的。这个理由恐怕要让哲学家伊曼努尔·康德在他的坟墓中气愤得待不住了。

康德在他所定义的道德律令中说道："你要这样做，就像你行为的准则应当通过你的意志成为一条普遍的自然法则一样。"

换句话说就是：如果只是因为几个蠢货在汽车转弯的时候不打转向灯示意，你也像他们一样在转弯的时候不打转向灯，那么如果有一天所有的人都不打转向灯了，又会出现什么样的情况呢？

如果能把康德的道德律令刻在所有学校的每一个入口处，然后在每一学年都重新检测学生们是如何在实际行动中遵守的。我个人认为，这是个不错的主意。

让我们大致概括一下，研究标准教育的社会学家们将上述行为方式分为简单效仿（别人都是这么做的）与对必要性的理解（如此可以简化我们的共同生活）。社会学家们将后者看成是智慧的标志，而前者则是（如果含蓄地表达就是）推卸责任。

谁要是永远把"其他人也是这么做的"当作借口，从而获得不遵守标准原则的权利，那么他们应该被告知，社会学家把这类人归为完全不能够承担应有责任的一类人。

关于人们该如何阻止用正常的标准干扰自己的潜意识以及又该如何行为以至于不会变成无所顾忌的人就论述到这里。

人们时不时地将"不正常"的状态作为有助于健康的手段来宣传，这正是由于其被认为是人们在不健康的外界条件下身体所做出的反应。通常当这样的现象涉及心理疾病的时候，我便总是会听到下述解释，其实这些人还是健康的。因为他们向人们展现了我们这个世界不人性的生存条件，他们的行为只是要求不论贫富或者不论其他什么别的不同客观条件下人人平等的反应。

通常情况下，还会伴有这样的附加说明：心理治疗师反正也没有什么其他事情可做，所以为了让所有的人都像机器人一样没有任何差异，他们总是会热心于将心理健康的人引导到歧途上。

在我看来，上述言论只能是对所有被心理疾苦所折磨的患者的玩世不恭的洗脑。

请你试想一下，倘若人们对身体上承受病痛的人说：事实上你们是非常健康的，因为你们的境遇反而恰恰能够反映我们这个号称现代的社会是多么不人性化。难道你不认为这种言论极其冷漠无情、厚颜无耻吗？

当然，对于患有严重心理疾病的患者来说，这的确存在对其有帮助的影响因素。而我们仍旧应该联合起来，改变现状。这也就解释了，为什么我认识的大多数心理诊疗咨询师都热心于公益，投身于政治策略的制定之中，这可不是什么偶然现象。

如果认为表面化的改善生存环境就能够解决所有心理问题的诱因，那么这与放弃改变并没有什么根本性的差异。这也就是为什么我认为这样的想法玩世不恭。在过去的几十年中，科学家们做了大量的研究，证明了人类在出生后最初的几年中所形成的身体与心理的承受能力将会对我们日后的一生产生巨大的影响。

当然，这也与我们的父母是如何看待生活以及他们所能提供的条件有着巨大的关系，自然也不完全仅限于此。

在本章结束之际，我们总结一下到现在我们都从哪些方面重新认识我们的潜意识，以及潜意识所具备的能力。

首先是我们依然强大的本能。它能够在人们的意识之外，指导我们在生活中做出重要的决定。

继而我们又了解到了人类的大脑能够存储海量的信息。即使是看似已经被我们遗忘的部分，依然留存在大脑的信息库中。潜意识也仍然能够将其提取。

除此以外，意识与潜意识还能够互相联系，并为我们提供新的解决方案。所有我们亲身经历的事情、自己做过的事情，都会以记忆的形式存储在大脑中，至少是在大脑发育得足够成熟，记忆功能能够正式工作以后。

上述事实并非只由个别的案例向我们证明。在我之前的著作《两种神经机能的相遇》中，我就介绍过这样的案例。那些因病症或者事故导致大脑受伤的人群，他们的潜意识失去了自我保护的功能，以至于意识可以与潜意识一样自由地读取大脑中所有的记忆。这类人可以回忆起所有他们经历过的事件，只是这样的能力却不能真正令他们快乐。

我们真的应该对此怀有感激：自己只能回忆起为数不多的不快经历，大量的经历只是埋藏在记忆的深处。我们的心理健康正是凭借潜意识的这个功能而得以保持。

最后，我们还讲到了大脑的另一个功能，即接受我们感官所获得的信息并在我们意识到它之前或者在我们完全没有意识之下对此做出相应的反应。同样，这也依赖我们身体所有部分与大脑之间相互的紧密联系。只是我们并不能随时注意到这样巧夺天工的设计。遗憾的是，只有在身体健康受到损害的情况下，这些联系才能引起我们的注意。

我们还了解到，与强迫自己的意志、努力适应大多数人的行为标准相比较，听从自己完全独一无二的、工作极其出色的潜意识的忠告是更加健康、更加明智的做法。

到此为止，在我向你介绍了这么多能够帮助你潜意识发挥自己能力的方法以后，接下来我们应该了解一下，为什么我们人类会做出如此多的既不利己又不利人的决定呢？因为我们必须知道，人类对其潜意识做好的解决方案几乎没有发言权。在这样的前提下，了解我们所有内心中所存储的档案、明白我们是如何成为现在这样的人是至关重要的事情。

第三章

看见"内心档案"

潜意识的短路

在我们系统地认识我们内心的档案以前，让我先给你举几个与我们个人经历没有关联却涉及大多数人的例子。这些例子向我们展示了：人类的潜意识其实是存在弱点的。因为我们内心的档案与互联网上的信息极为类似，不是所有的信息都是事实。也就是说，并非所有内心的档案都能够成为让我们在做决定时赖以为据的信息。有的时候，我们也会获得错误的信息或者不具备完整背景资料的信息。即使是人类的潜意识也会犯错误。

很多人害怕变老。对某些人来说，这种担心并非全无道理。我们在上了年纪以后，是否还能没有任何困难地生活，这个问题是潜意识强迫我们注意到的。假使我们没有考虑过这个问题，那么我们就不会及时着手为未来的生活作打算。

　　我的一些患者们对老年生活有着自己的设想。只不过这些设想并不符合实际。相较于真实情况，他们的想法掺杂了过多的悲观因素，尤其是在他们的经济条件完全有保障的情况下。每当我询问这些患者，他们是如何想象自己年老后的情境以及他们恐惧的到底是什么的时候，我会得到如下的回答："我害怕总会有一天，我会穿着褪色的化纤套头衫，终日坐在那里为孙辈们编织衣物。"

　　这个想象中的情境是我们的潜意识从它长年的生活经验中为老年生活的标准所做的存储。一提及年老的人，潜意识就会向我们展示它至今所积累的全部有关与此的经验。事实上，我们内心档案中所有关于老年生活的认知，全都来自我们幼年时与自己的祖父母、曾祖父母共同生活的经验，观察当下年老邻居生活的经验，甚至是在电视中看到的有关养老院报道的经验总和。

　　每当涉及老年这个话题的时候，所以这些信息都会首先被我们的潜意识整合到一起，再提供给我们。只不过它们中的大多数已经不再适合当今的情况。与我们儿时的社会相比，我们现在所生活的社会发生了翻天覆地的变化。那个年代典型的老年生活在今天根本不再具有代表性。

　　与坐在家中温暖的壁炉前编织衣物相比较，现在很多八十岁以上的老人们更喜欢长途旅行。如果按照这个趋势发展下去，等到我们八十岁的时候，身体会比现在的八十岁的老人更加有活力，那么我们在这个年龄段的生活与今日的老年生活相比又会发生巨大的变化。

当我们住在老人院的时候，估计会这样抱怨：隔壁的麦耶女士在晚上十点以后还把摇滚乐开得特别大声，还会因为从米勒先生门缝里飘出来的一直传到走廊最前面的烟味断定他又在吸烟而暗笑。上面情况只是我对我们这一代人年老以后情况的猜测，而我们这一代人多多少少已经算是老年人了。

更年轻的一代人会拥有什么样的老年生活，与我刚刚描述的情境一定又会相差很多。经典的表述就是人们用来反对文身的说法：顺便说一句，到你八十岁的时候，你看起来又会怎样呢？

那又怎样？一般来说，人们只能这样回答。这样回答的人一定会想象：烫着卷发，穿着褪色的化纤套头衫的祖母还有文身——这可真是太酷了！要知道，统计结果表明，在20世纪50年代的时候，至少有四分之一八十岁以上的老年人都有文身。在那个年代，这可是非常正常的现象。可是那时八十岁的老人们常穿什么样式的衣服，留什么样式的发型，只能凭我们自己想象了——即便是我们的祖父母在上年纪以后的穿戴比他们自己父母上年纪以后的穿戴要时尚许多。

　　到2065年时，那些八十岁老人们的穿戴风格很可能是我们在今天完全不能想象的。他们在老人院中的护理人员可能会想：啊，看那个老奶奶，她的文身多么可爱，估计在她年轻的时候就是个有意思的人。也许她还会遇到性格友好的、思想开放的护理人员，在他的眼里，文身是极其普遍的现象。

　　所以说，我们对自己年老以后的想象常常是潜意识的误断。因为这样的现象属于基于日益陈旧的信息对未来做出预测。

　　除了陈旧的信息造成预测错误以外，还有一种造成预测错误的原因，那就是基于没有全面收集的信息而做出的判断。在接下来的例子中，我们仍然离不开文身这个话题。

　　最近在电视节目中，一位体育记者向大家报道了一位二十四岁的足球明星刚刚订婚的消息。在报道中，这位足球明星骄傲地将自己的胳膊举到摄像机前，向大家展示一个新鲜的文身。其图案正是他未婚妻的名字。

　　在报道中，记者不可掩饰地笑了起来。无须多言，谁都明白这位记者发笑的原因。是的，电视观众一点儿也不会觉得记者笑得莫名其妙，因为他们的潜意识能够通过自己的经验自动将记者未说出口的信息补充完全：足球明星婚姻关系维系时间的平均长度，再加上文身清洗极少能够达到完全清除干净的效果，结果就是——太糟糕了。

通过这个例子，我们再一次看到：即使是聪明的潜意识也并不能够每一次都能正确地预言未来。

还有最后一个例子向我们展示，即便是潜意识也有疏忽犯错的时候。

一般人的大脑不能将个人经历所带来的数据先经过完整的思考加工后再系统地存储在记忆的数据库中。可是，假如我们与记忆大师谈话，就会发现，他们的大脑以完全不同的方式运行。他们能够不必费力背诵便能够记住海量的数据。其诀窍就在于他们把每一个数字想象成一个物件，然后再将这些物件一起编在一个故事中。

例如：4是一个柜子，0是一个苹果，7是一把雨伞。407这三个数字的组合就是一个柜子里放着一个苹果，苹果的上面插着一把装饰鸡尾酒的小纸伞。

这样看来，对人类的大脑来说，尽可能地压缩数据显然对增强记忆没有什么大的帮助。基于人类大脑的工作方式，加强记忆的方法莫过于为需要被记忆的事物建立相互之间的联系——即使那些事物本来毫无关系。

很多年以前，我看过一个犯罪小说。故事讲的是一个专门谋杀佩戴红色项链女性的杀手。我不记得具体是由于他的某位佩戴红色项链的母亲对待他的方式特别变态（这绝对是最经典的理由），还是其他某位佩戴红色项链的女性对他做了什么令人作呕的事情，反正在他的大脑中留下了这样的印象：佩戴红色项链的女性都是坏人。

某些人还有考试幸运衫。由于某一次他们穿着这件衣服通过了某个考试，所以以后每一次考试他们都会穿着这件衣服。在他们看来，能够通过考试与这件衣服有着必然的联系。于是这件衣服在某种意义上就变成了考试幸运衫。怀着这样迷信态度的人必须得经历一次失败的考试，才能在头脑中将这个完全是子虚乌有的联系破除。至于德国男子国家足球队教练勒夫，在下一次世界杯的赛场上，我们再一次看到他穿着那件著名的衬衫出现的机会绝对非常之高。

关于人类大脑建立这种毫不理智的联系的情况，大脑研究者能举出的例子数不胜数。从这些例子中，我们可以发现这样的联系是如何轻易地操控人们并让其陷入疯狂的境地的。基于这种毫不理智的联系，我们会仅仅由于一个人坐在我们对面的时候，面前放的是一杯热饮就判定他是为人热心的类型。

同理，当坐在我们对面的人喝的是一杯加冰的饮料时，常常会被认为是一个冷酷的人。由此看来，第一次约会的地点选在咖啡馆要比选在酒吧更有利，即使通过酒精更能鉴别一个人的人品……

广告影片制作者不加停歇地致力于在那些毫无关联的事情之间建立联系。他们向观众们展示梦想中的田园风光、快乐地生活在一起的人们博观众们一笑，其目的是让观众们将这些美好的感觉与影片中的产品建立起潜在的联系，从而相信，购买这样的产品是非常有必要的。

即使是那些感觉自己比实际年龄年轻的老年人，假如让他们做一次记忆能力的测试，测试之后，他们对自己年龄的感觉较之测试之前平均也要多上五岁。人们认为，之所以会产生这样的结果，是因为在这一时刻，他们的潜意识毫无预兆地发出了信息，做测试时所花费的力气与上年纪后记忆力的衰退是有着密切联系的。

就连我在几天前也突然觉得自己老了。因为我在看一个烧脑的破案电影时，发现电影中有一半的对话内容自己根本听不清楚。我已经在考虑，接下来去做一个听力测试了。

我的潜意识坚信此两者之间有着必然的关联——既然你听不清楚了，就说明你不再年轻了。可是当我在网络上看到，不论哪个年龄段的观众都在抱怨电影中嘟囔不清的对话时，我立即就不再感觉自己那么老了。

如果在我们的大脑中对某种情况存储有很多的信息，那么它就会告诉我们它认为最为可信的那一种。上了年纪的人多多少少会患有重听。这个现象我们都听说过，也经历过，并作为事实存储于大脑中。于是当我们听不清电视节目中有意小声说的对话时，就会自动与自己的衰老程度联系起来。

幸运的是，这种无意义的关联并不会每次都成功地发挥作用。我们在联邦大选的时候，是否会为某个参选者投票，并不是基于他的党派是否送了我们一支圆珠笔或者送给我们的孩子一个气球，而是基于我们通过自己对该党派的认识，了解他们并不会满嘴空话地许下许多不切实际的诺言。

除此以外，我们的确非常容易被影响，就像刚刚提到的例子。因为我们大脑的工作原理就是接收每一个微小的信息，再无意识地将它们联系到一起以作为决定的基础。

其实我们还是可以从大脑的这个联系功能中获益的。即使人们不再相信内心的魔鬼这个说法，也一样有办法开始戒烟、慢跑。我就认识一些人——至少在一段时间内——停止了喝含有咖啡因的饮料，取而代之开始喝茶。

他们能够改变自己饮料偏好的原因非常简单，因为在他们的潜意识中，一杯咖啡与一根香烟是紧密相连的，所以当他们看到咖啡杯的时候，就会想到吸烟，这样的联系会使戒烟复吸的可能性增加。

另外，专家也建议那些计划吃过早饭后去跑步锻炼身体的人在吃饭前就换上运动鞋。因为如果这样的话，人们就不必在早饭后再做激烈的思想斗争，考虑着是否在气温这样低的日子还出门去慢跑。我们的潜意识已经将接收到的信息顽固地联系起来了：在屋子里应该穿拖鞋，跑鞋是在外面穿的，所以现在必须出门。

接下来，让我们在自己的潜意识中漫步一圈。我们就会非常明确地看到，你个人的潜意识是如何形成的，你还要做出哪些努力，才会尽可能地让自己的生活从中获益。

我们如何成为自己

　　每个人到底是如何变成他现在这个样子的，不仅仅科学家们在研究，这已经成为困扰人类的永恒问题之一。

　　有一个著名的故事，人们认为是皇帝腓特烈二世所为。在故事中，腓特烈二世想要知道人类是否有"原始语言"。为了证明自己的设想，他为失去父母的婴儿找到照顾他们的人，而这些人只负责保证这些婴儿温饱所需得到满足。他们被禁止与这些婴儿温存、游戏，当然也不被允许与婴儿们说一句话。然而，最终，此实验中的所有婴儿全部都死去了。

　　历史学家将该故事当作经常醉酒的腓特烈二世的敌人编造出的谎言。尽管如此，这个故事还是会在各种各样的历史书中被简明扼要地提及，它也证明了我们的祖先早在很久以前就试图证明：如果人们不能给予儿童足够的关爱，也不与他们交流，对他们来说是有致命性的伤害的。

　　毋庸置疑，婴儿们有通过基本给养就能满足身体健康的需求。然而只是温饱并不能满足他们，接下来他们还需要有人帮助他们换尿布、洗澡、穿衣服以及被保护不受到伤害。

　　这不是一本讲教育孩子的书。即便是的话，也可能会对教育后代的方法有所遗漏。

　　虽然接下来的部分主要讲述的内容是关于人类生命起始部分的，也请你在阅读时不要跳过，即使对你来说，孩子可能还不是现阶段的中心议题；又或者你是那类一看到讲关于孩子的话题就自动忽略的人。

　　这里要说的并不是孩子。既不是关于你的孩子，也不是关于其他人的。这里要说的都是关于你自己的。是关于你的大脑中存储的所有信息是如何整合在一起的，又是如何做出使你成为今天的你的决定的。

　　现在我集中讲述我们生命中的第一个阶段，因为它在我们的整个人生中起着至关重要的作用，即使它并不是唯一一个起着这样作用的生命阶段。

　　我们都听说过，心理学家们与教育学家们都将人生命中这一段时间看作是对一个人一生起着决定性作用的一段时间。可是只有极少的人知道这其中真正的原因以及这段时期内我们的大脑会呈现出什么样的状态。我们对潜意识能力的了解有多么少，我们对自己生命中第一阶段重要性的认识就有多么少。因为这两者之间有着非常紧密的关联。

我们已经多多少少了解到，我们性格形成过程中的一部分重要影响因素出现在人生开始的几年时间中。而对这段时间内发生的事情，我们却鲜有记忆。在这段时间中，我们的大脑会发生对我们的一生起"奠基性"作用的变化。

此段时间中，大脑的发展不会自动停止，也就是说，我们不能只是等待，直到在所有孩子的身上都显现出相同的结果。在这个时期我们经历的事情对我们大脑的发展起着不可估量的影响，也就是说，这些经历决定我们大脑的哪一部分会受到外界的刺激变成熟，以及当我们成年以后会形成一个偏爱享乐还是压力的人格。

即使是在我们出生前发生的事情也在影响着我们人格的形成。这种说法既不是神话也不是神秘论，而是不容置疑的医学事实。

现在让我们一起来看一下，你在你自己人生的前几年都学到了哪些关于你自己与这个世界的事情。

请你设想一下，你现在处于你人生的其他阶段。

即使你的大脑还在发育，还有太多的东西需要学习，但它已经能够非常井然有序地工作了。人类的大脑从一成型起就能井井有条地工作。当你还在母亲子宫中的时候，你就能正确区分自己母亲与其他人的声音。在你生命的这个阶段，倘若有人来探望你的母亲，你甚至能够在子宫中区分这个人是否与你的母亲说相同的语言，或者是否是从其他国家来的，而且你还会对不同的情况做出不同的反应。

你还不能理解任何一个词汇，更谈不上理解其中任何一个最简单的语法现象。虽然如此，你还是能够从他们的声音中听出来，现在坐在家里的这位阿姨是从雷根斯堡来的还是从巴黎来的。

仅仅在出生几天后，法国婴儿哭喊的声音与德国婴儿哭喊的声音就会出现微小的差异。婴儿们之所以会这样做，是因为他们在母亲的子宫中时就注意到，当人们聊天的时候，法国人说话的频率跟德国人的不太相同。当然，这样做也是为了与自己周围的人建立联系，他们采用的具体方法就是从第一声哭喊开始就运用周围人说话的方式。

这个时候，你已经为来到这个世界学习所有能学习的东西做好了万全的准备。就在二十年前，大脑研究者们还认为人类的大脑是受基因控制的，也就是说，它是我们的父母给我们的，后天不可改变。

　　渐渐地，我们发现，这个理论并不完全正确。在人类生命前几年中出现的事件决定了大脑某些区域的发展。不论是变得功能越来越健全还是逐渐退化，完全取决于你经历了什么事情。

　　让我们将目光投回到我这来问诊的患者们。当我询问他们是否还能记得出生后几年内的事情时，他们全都瞪大双眼，用一脸不可置信的表情看着我。毫无疑问，他们的反应表示自己根本不记得那几年中发生的事情，这绝对在我的意料之中。

　　他们当然不能回忆起出生后几年中的经历，因为他们的大脑的记忆功能还没发育完好。倘若我继续问下去：其他人是如何向他们讲述那几年的，他们的反应经常是迷惑不解。这样的表现说明，在他们看来：连我自己都不记得的事情，对我来说也没有什么意义。

　　从本质上来说，这样的想法与笛卡尔著名的理论一样——"我思故我在"。我能回忆起以前的事，所以我存在。这两种思想相同的根源都是对我们有意义的、有影响的事情，是我们的理智思维可以触及的部分。不管怎么说，在我们的大脑能够达到理智地思考这个水平时，是需要经过一段时间的。

　　你的自我，也就是说基于你意识基础上的自己，大约开始形成于这个时刻：当你第一次照镜子，并能从镜中的影像中认出自己来时。一般来说，这发生在人类两岁的时候。猴子也有相同的发展过程，人们也可以将这个测验孩子的办法用在它们的身上。

我们在孩子的前额上画一个点，再将其带到镜子的前面。只要孩子还试图通过擦拭镜面来去除前额上的点，那么他的自我就还没有形成。而当他开始能够通过镜中的影像联系到自己的前额，那么我们就可以说他的"自我认知"开始形成了。

海豚与大象也有自我认知。当它们看着镜中的自己时（至少在它的生活环境中有让它们照镜子的条件下），它们不会想："这个漂亮的动物是谁？我真想认识它。"而是想："哇，那是我啊！"

从你开始把自己当成一个独立的人，开始思考关于自己的问题的那一刻起，从你人格发展层面上来讲，你就已经成为一个人了。

同样，就如很多让人不舒服的想法一样，潜意识只是人类大脑中极其微小的一部分，也是人类愿意相信的想法之一。当大多数人了解到我们生命中前几年的经历对我们日后的人格形成起着至关重要的作用这个事实时，他们会发出惊叹。

因为一旦开始讨论以下的话题，我们就又陷入关于人类天性懒惰的争论。我们希望所有对我们来说重要的东西都应该从我们的父母那里继承得来，也有可能时不时地从我们前几代的亲戚那里通过一些手段得来——这样的情况对某些人来说已经足够艰难了，更别提还有人相信——通过自己意识的控制便可以摆脱长辈对自己的影响，将事情做得与自己的父母完全不同。

可是，当我们处于一方面有着巨大的学习能力，另一方面却完全不能独立生活而不得不依靠其他人的帮助的这个年龄阶段时，潜意识所做的计划却对我们未来的一生都起着巨大的影响——它让我们形成了自己的性格特点。

这个事实在我们的整个人生中起着不可忽视的作用。绝大多数人根本不了解自己人生前几年的重要性，一样生活得十分幸福、美满。而"在这几年中也有可能出现对我们的个性发展有害的事情"这种假设则很难被人们接受，尤其是当人们还习惯于用自己父母的眼光与认知来审视这段经历之时。

事实上，许多人认为父母教育孩子正确的方式是遵从天性。幸运的是，的确有很多的父母爱自己的孩子，支持自己孩子的决定，在孩子长大成人后他们也懂得放手。在教育孩子方面，他们总是能够像不会遇到危险的梦游者一样做出正确的决定，而且根本不必为此去查阅教育书籍或者去咨询教育专家。这些明显是那些仅凭本能就能做出全部正确决定的父母。

成为优秀父母的前提条件绝对与那些深藏在我们大脑中的

潜意识有关。只不过与本能相较起来，这更加与他们自己的父母有关。这样的实例我们在后面的章节中还会继续看到。

当你第一次在这个世界上意识到"我就是我"的时候，你已经两岁了。

为什么我们会在还如此不成熟、如此依赖他人的状态下就来到这个世界上呢？要知道许多不同种类的动物要么从一出生就能够独立生活，要么很快就能变得自立，而它们的这一过程比人类所需要的时间短得多。

难道人类的出生是一个失败的产品流程设计，所以才会过早地来到这个世界？

我们早就知道了，有效率的孩子能够以惊人的速度学习。虽然与四岁的孩童谈论相对论是一件不可能的事情，但是我认为与大多数的成年人也不能进行有关于此的讨论。只要看看孩子们在他们生命的前几年中都学习到了什么东西，绝对可以说是效率惊人，毕竟他们很轻松地就掌握了一门语言。

在很长时间以来，婴儿的大脑——与成人的一样——对科学家们来说就如同还未被找到的黑匣子。直到大约二十年以前，一种被叫作图像展示过程的技术发展成熟以后，科学家们才对人脑有了进一步的认识。因为通过新的技术他们可以更加精确地观察人类的大脑。

从一出生起，你的大脑就与成人的一样，拥有相同数量的神经细胞。只不过你还不能运用它们所有的功能。而最重要的是我现在要讲述的事实——婴儿大脑中的这些细胞迫不及待地希望立即开始工作。而每个脑细胞都会将一项工作进行到生命的终结——这就是与其他的脑细胞建立联系。

每个脑细胞都可以与一万个其他脑细胞建立联系，而且每一个这样的联系又都可以通过多达两个中转站。这个脑细胞的联系网就是日后你的潜意识向你提供让人惊讶的主意的基础。

基于你前三年生命的各种生活经历，你的脑细胞们相互之间以爆炸性的速度飞快建立联系。在你九个月大的时候，它们之间建立联系的速度达到峰值。大脑研究者们发现这段时间内在我们大脑中发生的事情与一个停电后的城市在恢复供电以后，一个区域接着一个区域又相继亮起灯火的情况相似。

我们的整个大脑也是如此一个区域接着一个区域地连接在一起。在这段时间内成熟最快的区域正是负责管理感觉以及调控压力的区域。这个事实也为我们还在各项机能都不太成熟的时候就出生到这个世界提供了可信的理由。

人类是社会性生物，习惯于共同生活。对于共同生活中最重要的东西，我们只能通过与其他人建立联系来学习，而语言只是其中之一。这些对共同生活来说最重要的东西，我们都是在长期记忆还不能正式工作之前的这段时间内学习到的。

　　读到这里，我们主要谈论的都是大脑研究者在过去几十年中的研究成果。如果我们现在开始谈论这个话题——我们只能通过与周围世界的联系学习认识自己以及其他的一切，那么我们就不能不提到另外一群科学家——人类依恋模型研究者。他们主要研究的内容是我们与我们生存的环境建立联结的行为方式——也即在我们生命最初的几年，我们是如何与那些对我们重要的人建立依恋的，这些人是如何进入我们内心深处，从而在我们的一生中都拥有着重要的地位的。

　　以依恋研究者所收集的数据为基础，他们能够多多少少地预言在人类生命的前几年中，大脑都会发生哪些变化，建立哪些联系，我们在日后的生命中将会如何发展，这样的发展会对我们的人格产生什么样的影响，以及我们将会如何与自己、周围的人，以及这个世界相处。

　　人类生命最初的几年对一个人的一生存在着至关重要的影响的第一个原因，就在于这段时间内我们的大脑在其内部建立联系；第二个原因就是我们与我们周围那些对我们重要的人建立依恋。

　　现在让我们一起来看看，这些依恋模型建立后会对我们产生什么样的影响。

从呱呱坠地开始，你就可以呼吸，就可以吞咽东西，你的消化系统就拥有健全的功能，你还有一副嘹亮有力的好嗓音。可是仍然还有很多事情你不能完成：你的四肢虽然能够活动，但是它们并不能听从你的指挥。如果有人在你的面前伸出一根手指，你就会死死地抓住它。因为这个动作对我们远古的祖先来说是求生的本能，因为他们必须一早就学会牢牢地抓住自己母亲的皮毛。

但是，对你来说，在很长一段时间内还不能自如地做到自主抓取自己想要的东西。换句话说就是，在这段时间内，你还需要其他人的帮助。

在这种情况下，对你帮助巨大的是一个如同食物需求一样的本能——这个本能就是与周围的人建立依恋。

倘若没有对周围人的依恋，绝大多数婴儿会死去。正如研究人类之间依恋模型的科学家所得出的研究结论一样，你从一出生起就尽全力地与周围的人去建立各种安全的依恋。你开始微笑，而且当你发现通过这种做法可以吸引照看你的人的全部注意力时，你还会非常得意。

因为你的潜意识清清楚楚地知道：假如我不能成功地与周围的人建立依恋，那么对我来说就非常不利。假如我不能让这个人觉得我对他来说非常重要的话，那么他便不会尽心地照顾我，这样我就会有生命危险。

全世界有三分之二的人在出生后会由自己的亲生母亲照顾。这也是为什么我们只有在被她们抱着的时候以及日后能够坐在她们怀里的时候才能感到安全。

通过上述经验，我们体会到与一个人亲近的感觉是多么美好，我们也学到了如何与其他人建立联系以及如何为自己赢得他人的方法。

在你出生后的前六周，你的所有行为都是为了生存下去。在这个时期内，对你来说，具体由谁来照顾你还不属于最为重要的范畴——最关键的是，有人照顾你，而且能够满足你的各种需求。这个照顾你的人甚至可以中途被替换。

不过，一段时间以后，你就开始自主选择了。在出生后的第一年，假如有两个以上的人照顾你，这会让你感到应接不暇。等你长大一些以后，如果你有足够的时间认识了解照顾你的人，那么你能够同时接受四个重要的联系人。

与此同时，你也会对这些照顾你的人表现出明显的个人偏好。到底谁更能够获得你的喜爱，要取决于谁能最好地理解你所表达出来的需求与愿望。让我们假设这个主要照顾你的人是你的母亲，因为这是最可能、最普遍的情况。毋庸置疑，这个角色当然也可能被父亲甚至一个并非父亲的人完美地承担。

最开始研究依恋的科学家们还认为，在孩子出生的前三年中，母亲的陪伴对建立一个安全稳固的依恋非常重要。

人们渐渐发现，这个结论并非完全正确。虽然这并非全如著名的非洲谚语所说的——"养大一个孩子需要整个村子人的努力"，但是大体意思的确是没有错的。科学家们的研究成果显示，在其他哺乳类动物中，大多数的情况下也并非只有母亲照料他们的后代，而是其他同类成员也共同承担该任务。除此以外，我们还知道送子鸟夫妇与企鹅族群也有着相同的习惯。

在一份2013年发表的研究报告中，科学家小组对超过七万五千名挪威儿童进行了关于幼儿园生活是否会对他们的人格产生伤害的调查。调查结果显示，不论一个儿童被非家庭成员照顾多长时间，他在幼儿园过得有多好，或者在幼儿园中会不会有什么问题出现，都不是伤害他们人格的关键因素，真正起决定性作用的是这些儿童的家庭情况。

换句话说就是：最重要的是他们在与自己的家庭成员——爸爸或是妈妈——的相处中是否有过体验，也即人与人之间是可以相互信任的。

在接下来一年半中所发生的事情对你人格的发展最为重要：我处在安全的环境中吗？这个世界是个美好的地方吗？在

这个世界上有我的一席之地吗？

当你向你母亲微笑的时候，便能得到母亲回应给你的微笑——母亲回应以微笑的唯一前提是你所发出的微笑，而不是只有在她偶尔心情好的时候才回应以微笑。你会认识到，友善待人是能够建立人与人之间的联结的。心理学家将其称为镜像效应——当你站在一面镜子前做动作的时候，镜子中的镜像便会与你做出一模一样的动作。

对幼小的孩子来说，得到对方相同的回应是万分重要的事情。因为他们会从中判断，此时建立的这个依恋关系是否是快乐的，从而得知他们是否不必担忧被遗弃甚至死亡。

每一个充满欢笑、抚慰与信任的经历都会被存储进你潜意识的档案库。它们组合成最原始的信任，让你明白照顾你的人是可以被放心依赖的。假如不熟悉的事情发生，你就可以在你母亲的脸上寻找她对此事的反应，借此判断到底发生了什么。

你的母亲也会纠正你心中感觉的名字，或者她在你还不会说话的时候，选择模仿你的感觉。

通过这样的方式，你学会各种感觉的名字。当你成年以后，你也能够谈论自己的各种感受。谈论自己感受的能力能够帮助你正确地处理它们，而不是被它们所控制。

如果一切能够按计划中的进行，那么至此，你已经用了大约三年时间来学习认识自己的情感，如何判断自己的情绪以及如何处理它们。

不论如何，按照人们的情感发展的规律，在进入你拥有认知能力的第四个年头时，你该清楚地意识到，不是每一个愿望都会被满足。这也就意味着，你的父母必须教给你，比如，在气温达到零下的时候，是不能穿着自己最心爱的凉鞋去幼儿园的。

显而易见，乘坐公共交通工具是一个能够很好地观察其他人的机会。这虽然不是我在闲暇时光最喜爱的休闲方式，但是，这却常常是了解一个人到底正在经历着什么的最简便的方式。

作为一名心理咨询师，我的工作就是观察其他人。在此我想简短地讲述两个我亲眼看到的小故事。它们向我们展示了孩子们经历的不同事情会如何将他们塑造成完全不同的人。这一次我们依然会以孩子的主观视角作为你的主观视角去重新审视事情的经过。

第一个故事：你与你的母亲一起坐在轻轨电车内。每一次，当车内响过所报的站名之后，你都会尝试将其再重复一遍。可是你所重复的内容听起来是这样的："佛单！"

你的母亲一直重复"火车站"并解释说："人们在火车站可以坐火车到很远的地方。"你还不能完全理解她所讲的内容。你也不知道火车看起来应该是什么样子的，什么是坐火车旅行。但是，通过母亲的解释，你能够理解的是：我说的话是重要的。这个世界真是非常有趣，有很多东西等待我去发现。

第二个故事：你大概一岁半了，也许还更大一点儿，正坐在儿童推车里。你的妈妈正站在你的身旁。这让你觉得非常高兴。妈妈是那么重要的人。她是你生命中最为重要的一个人。你向她伸出自己的小胳膊，喋喋不休地发出咿咿呀呀的声音，想尽所有的办法，希望引起她的注意：在这里！我在这里！注意我一下！

对你的注意力能够使你平静下来，因为这表示你对某个人是足够重要的，这个人一定会照顾好你。在整个坐车的过程中，她都没有看过你一眼。反而不是无聊地看车窗外的风景，就是自顾自地玩着智能手机。

她这样的行为并不是只在这个时刻，而是长期以来的行为习惯。她对待你的方式与陌生人别无二致，而且还是那种认为小孩子非常招人讨厌的陌生人。即便并非如此，也至少是一个根本不能理解你的语言的人。她常常不能明白你想得到什么，是独自安静地待着还是跟其他人一起游戏。

当你在这种与外界联系的自然需求长期被无视的情况下，你认为你还能够坚持多长时间？人类依恋模型研究结果明确说明：你坚持不过一年的时间。一段时间之后，你的行为方式就会显现出你在这一课中学习到的结果，那就是：你将明白信任他人与向他人敞开心扉根本就是一件毫无意义的事情。

假如我们通过某一行为极少或者根本不能获得想得到的结果时，我们就会知道，这种行为应该尽早放弃。

写到这里，我必须说，这里有一个好消息与一个坏消息。

假如你自己有孩子的话，那么请你一定先放轻松。绝大多数的父母都能够将他们的任务完成得令人满意。在此，我敢大胆地断言，这些称职父母的数量比对我写的这本书感兴趣的人还要多上几个百分点。因为我能保证——那些说"没问题。我们一直就是这样做的，我们也还会这样做下去"的人并不会对我所写的内容感兴趣。而真正会阅读这本书的人是那些依然对这个世界保持着好奇，依旧愿意学习新东西，喜欢对看到的现象都问个为什么的人。

假如你现在开始怀疑自己是否完全正确地带大了自己的孩子，那么我的回答就是：你没有。我们中没有人能够将一切都做得非常完美，也没有人会期望你成为完美母亲或者完美父亲。我们中没有一个人是完美的生活伴侣，可是我们中的绝大多数人却在努力让自己的伴侣关系向着好的、稳固的方向发展。这是好消息。

　　而坏消息是：在全欧洲，有百分之九到百分之十六的青少年人承受着心理问题的折磨。假如我们对此感兴趣，想了解在他们身上到底出了什么差错，以及我们应该如何避免类似的情况再次发生，那么，我们就不可避免地需要仔细地审视他们在出生后的几年中到底经历了什么，以便了解在一个孩子的成长发育中哪个或哪些方面在早期受到伤害，会使得他们的人生发生毁灭性的转变。

　　说到这里，又会有一大批父母感到恐慌了吧。对一个孩子的一生能够造成如此巨大影响的因素必须是大量的、密集的类似上述的经历。更不要说我马上还会向你展示——将这些孩子的命运重新转到幸福健康的方向上来经常只需通过一个非常微小的契机就能产生巨大的影响。

　　引领我们的事物是怎么出现的？

　　让我们回到你婴儿时代的大脑。

　　让你感到自己的重要性的经历越多，你就越是能在以后的生活中明白自己的重要性。我说的并不是你会处处觉得自己高人一等，如果真是这样的话，那就表示有什么在你的成长时期起了负面的作用，才使得超级自私的心理得以显现。这也表示，那些尤其只想着自己的人们体内有着过量的皮质醇，无须多言，这对人类的健康并无好处。

我们当然可以在本书中探讨人生哲学、什么是有价值的人格、什么是没有价值的人格，以及在当今以结果为导向的社会到底需要有多少自私才能够生存下去——可是我们的潜意识却根本不会对这些社会上时兴的价值感兴趣，正如它既不对时装的大小感兴趣也不对时装的潮流感兴趣一样。在这里，潜意识对整个大脑所起到的调控作用依然是坚持以你的身体健康为唯一标准的。而过多的自私行为对个人的身体健康显然是不利的。

谁要是相信能够在早期就对你进行残酷的竞争训练，是对你有好处的事情，那他一定是想错了。这里所说的事情只是让你尽早地明白在以后的生活中必须很好地自己照顾自己，以及如何在将来自己照顾自己，并且如何使得对自我的价值评估接近其他人对你的评估。除此以外，没有更多，但也不应再少。

眼下，社会心理学家们正在研究如何以非常少的干预方式（也被称作"指引"）帮助那些被较少肯定其个人价值的人群。

非洲裔美国籍的孩子们更难融入美国的学校，成绩往往也不够优秀，因为他们感觉不到自己真正被别人倾听。

一个在七年级班上的试验结果显示，相较于白人学生，非洲裔学生的成绩要差上百分之四十。在学年开始的时候，这些学生中的一半人被要求写一篇关于他们喜欢自己的哪些方面与自己有哪些特长的文章，而另一半的人则被要求写一些无关紧要的东西。仅仅是这一个这样小小的差异，就导致半年以后，第一组学生比第二组学生变得更加优秀。而且第一组中原先成绩较差的学生能够从中获得巨大的激励。

假如你现在开始琢磨，还有什么因素在试验中起到了决定性的作用，那么你尽管可以开始。如果有谁能够通过上述这个例子学会如何设计试验，并能够将希望得到的结果恰如其分地在试验中测量到，那么他就是心理学家。回顾整个试验对我们来说会太过麻烦，这是因为研究人类心理特征的发展要比在浸湿的厨房纸巾上研究小麦粒中胚芽的生长棘手得多。

即便是极其微小的改变，例如在自信这方面做出微小的激励，其产生的影响也可能是巨大的。对此你也并不陌生：一次友好地打招呼，一个发生在早晨的赞扬，都会让这一天变得特别美好。由此可想而知，这对那些与周围人完全不同的孩子又会产生多么巨大的影响。

现在让我们回到你刚刚降生后的几个月中。

当你还不能说话，只能发出一些咿咿呀呀的声音时，若是你能听到有人重复你发出的声音，那么你肯定会觉得异常激动。正如我们已经知道的，倘若用婴儿的语言与婴儿对话，那么婴儿就不会变笨。婴儿学习到的是人类交流最基本的规则：我做一些事情，你给我你的反馈。

同样的道理，你也会反过来模仿你母亲所做的事情。你一出生就开始模仿你周围人的行为。母亲们在喂她们孩子吃饭的时候，总是会本能地张开自己的嘴。这正是她们带领自己的孩子做与自己相同的动作的表现。观察其他人如何行为，然后重复他们的行为，是人类学习的基本方法。

当你三四个月大的时候，你就有能力理解一些有因果联系的事情了。你做出某些行为——你大笑、你哭喊——就会发生相应的结果。你发现自己能够影响某些事情。对你来说，这可太酷了。

只不过，这些事情必须发生在正确的时间里。

假如一位父亲在他女儿中学毕业典礼后的一个星期送给她一辆崭新的汽车。这个女儿一定能够轻而易举地发现这两件事情之间的因果联系。

假如人们一回家就受到了自己养的宠物狗热情的欢迎，而后却发现，它其实在主人不在家的时候将家中昂贵的中国瓷器花瓶打碎了。这条小狗当然为此受到了主人严厉的批评。只是这一连串的事件无法在小狗的理解能力范围内建立起完整的因果联系——因为从打碎花瓶到它被女主人批评之间所间隔的时间太长了。无论如何，这条小狗在头脑中建立起来的联系就是：女主人之所以批评我，是因为我热情地欢迎她回家。它也许会在日后主人回家的时候选择保持安静。

可是当你还非常幼小的时候，你对时间的感觉更接近一条小狗，而非一名中学毕业生。你当然也不能想象，虽然妈妈不在眼前，但是她就在旁边的房间里。即使你已经去过旁边的房间，你还是不能对其产生真正的概念。你当然也不能理解"我不必焦虑，妈妈就在旁边某个不远的地方"这一概念。此时，你的记忆能力还不能帮助你理解这一切。这个时期的你只能分辨两种状态：妈妈在，好！妈妈不在，糟糕！

上述事例表明，一旦你需要其他人对你的注意力时，他们不但应该正确地给予，还必须即时地给予。为了能够学会某些事情，这些事情本身不但要具有一定的稳定性，还必须具有一定的预知性。因为预知性可以消除焦虑。假如砖头放得不够平稳，那么其结果是向天上飞去还是开始摇晃并接着掉下来？如果连这个结果都不能预知，那么学习关于这个世界其他方面的知识还是比较困难的。

如果想最大限度地发挥潜意识主动给我们建议的能力，那么可信任性与可预知性是非常重要的两个方面。不过，至少还有一样东西也与此同等重要，它就是被依恋研究者们称作"细微感知"的东西。

若做最真实的还原的话，我们也可以这样解释：这是某种意义上的和音，一种琴瑟和鸣的和谐。你肯定有过亲身经历：一个人遇到另一个人，只需要很短的时间，两人就感觉好像跟对方认识很久了，两个人就像完全处于同一个频率。当人们聊得尽兴时，偶然看一下时间，不禁问自己："过了这么长的时间，居然没有感觉，时间跑到哪里去了？"

这种当人们处于依恋之中的感觉与荷尔蒙催产素有关。在给婴儿哺乳时，与人有亲密的肢体接触时，以及与伴侣发生性关系时，该荷尔蒙就会被释放，以使两人之间的联结更为密切。这不仅发生在人与人之间，动物与动物之间，甚至也发生在人与动物之间。

一个东西能够让我们感到自己与其他人更加紧密地联结在一起？这听起来真是一件好事情！曾经有一段时间，科学家们能够从荷尔蒙的角度解释感到异常兴奋与满足的情感现象。他们在社会交往方面存在着巨大困难的自闭症患者身上试验，通过向鼻腔内喷药的方法，让他们摄入荷尔蒙催产素，从而成功地帮助他们增进了社交能力。研究人员们认为该科研成果能够用在更多的方面。

请你想象一下，在德甲联赛中，沙尔克队对多特蒙德队：

每一个被拦下的射门都会令所有在场的观众欢呼；而双方的球迷也会在每一个精彩的进球之后，互相拥抱，互道祝贺。假如人们能够在球场中喷洒荷尔蒙催产素的话，那么我们会节省下多么大的警力啊。

遗憾的是，荷尔蒙催产素并不能使世界上所有的人化敌为友。它虽然能够增强某一群体中人们的归属感与认同感，却不能改变幸灾乐祸者甚至敌对势力的态度。所以说，在运动场上，企图通过荷尔蒙催产素令双方球迷和平共处不异于痴人说梦。

最近一段时间，该荷尔蒙却以其副作用大展了一次身手。

我们也都知道，假如催产素罢工，而且两个人的频率不一样是什么感觉。我们在初次约会中，会不露痕迹地偷看其他人手表上的时间，因为我们已经感到这个约会让我们精疲力竭。时间从来也没有过得如此缓慢过，一次也没有，当一个人坐在对面，要么口若悬河般地滔滔不绝，要么几乎说不出一个词来。如果你比较不幸的话，那么你也一定知道与一个跟自己频率不同的人接吻、亲热甚至发生性关系是一种什么样的感觉。

假如在成年人的身上发生上述事情，我们可以主动结束这段关系或者根本不去开始它。可是一个婴儿却不能。他只是被动地将自己的生存与死亡全都与那些负责照顾自己的人联系在一起。我要表达的意思就是字面上的意思。

　　不过问题是：正如上文中所举的城市断电的例子一样，在孩子的大脑中，灯被点亮是有着特定时间段的。在不同的时间段他们的大脑会发展不同的能力。若是错过适当的时机，再想做出改变就会特别困难了。最简便的方法便是在建造的时候，就将每一个步骤都处理好，而不是等到后来才发现地基还必须再加固一些。

　　作为一名心理咨询师，我工作范畴的中心正是加固地基，而我在工作中的经历简直能写成一本小说了。

　　心理学家们研发出了一些惊人的方法。通过这些方法，人们可以在相当早的时期就确定，到该时间为止，孩子的心理发展得是否健全，并能够为日后的发展做出相当可信的预测。

　　在这些方法中，有一种叫作"陌生情境法"的，在下一章的内容中我会对其进行更为详尽的介绍。通过使用这个测试，心理学家已经可以成功地对一岁到一岁半的幼儿进行其与母亲之间关系的检测。

　　最初，这个测试是为检测父母与孩子之间的关系质量而设计的。现在，距离得到测试统计结果已经过去几十年了，科学家们就想知道父母与孩子之间不同质量的关系是否会对孩子的长期发展有不同程度的影响。也就是说，心理学家想验证几十年前通过测试对大量完全不同的孩子所做出的预言是否会在几十年后——得到应验。

不仅仅是在心理方面，而且还包括其身体健康、收入、受教育程度以及犯罪的可能性。

是的，心理学家能够在我们的理智思维有能力承担其工作以前就发现我们大脑中存在的风险因素。当我们九个月大的时候，大脑中的神经系统开始大量建立相互之间的联系。虽然在一岁到一岁半之间进行测试错过了大脑神经建立最活跃的时期——也就是我们的大脑孜孜不倦地汲取外界的信息并将海量数据存入潜意识中的时期——不过这难道不是恰好可以发现到底有哪些不利于大脑继续发展的信息进入了我们的潜意识吗？

当然了，即使在这种情况下，心理学家们也有办法在孩子的幼年时期就确认他是否会在周围环境发生变化的情况下出现心理问题。更确切地说，心理学家甚至能够在孩子出生以前就确认这个问题。如果只是为了预言母亲与孩子之间的依恋模式的话，那么心理学家们不一定需要这个孩子，更进一步地明确表示的话，我们甚至不需要心理学家。因为做出这个预言唯一所需要明确的问题就是：这位未来的母亲与自己母亲的关系是怎样的？

你已经阅读了本书一半的内容，基于以上背景知识，你一定能够很好地理解为什么母亲与自己母亲的关系对其与自己孩子的关系影响如此之大。如果说我们的潜意识对我们的行为起着决定性的作用，那么我们如何与自己的孩子相处也是由潜意识决定的。在判断什么对我们的孩子有好处、什么没有好处这个问题上，我们的潜意识所储备的知识对该判断的结果起着决定性的作用。

我们的基本需求——与周围的人建立依恋——是否一直被压抑，又或者这些建立的依恋是否一直处于一团乱麻的状态，也对我们进行上述判断起着巨大的作用。倘若一个人的潜意识被不愉快的童年记忆填充得满满当当的，那么他对自己孩子的行为方式超出正常范围，并让自己的孩子重复经历自己童年时期不快经历的概率会大到难以估计，甚至不排除发生伤害自己孩子的事件，比如，殴打或者猛烈地摇晃，也可能是将孩子留在家里，然后独自去酒吧买醉，企图通过这样的方式暂时忘记自己的无能与无助。总之，他会有意地忽视孩子的心理需求。

对一个孩子的心理发展来说，最好的外界条件莫过于他的父母双方分别在自己的父母那里拥有过幸福美好的童年。

"停！停下来！"你现在可能要大喊了。关于大脑的发展，建立与周围其他人的依恋，以及其他所有谈及的话题都很好，这些都对你很有帮助。可是，这些内容是不是离本书的主题太远了一些?

接下来的问题就该变成送子鸟到底应该把包袱里的孩子送到谁家呢? 谁有权决定这个孩子的整个人生呢? 假如一个孩子遭遇不幸, 变成一个不快乐的人, 不能与自己周围的环境及周围的人和平相处, 那么在最开始的时候, 送子鸟是否就应该将这个孩子送到邻居的家中呢?

事实上, 四分之三的人与他们自己的孩子所建立的联系方式和他们自己在童年时所经历的一模一样。很多父母都习惯将孩子怪异的脾气归于孩子早年得到的关爱较少。比如, 他们可能对孩子过于严厉或者从未自愿亲吻孩子等。可是, 几乎没有父母会把自己与孩子的相处方式跟自己在孩童时期与自己父母之间的相处方式互相做对比。

我们自己的亲身经历对我们的行为起着决定性的作用。由于这完全依靠潜意识的调控, 所以我们几乎没有机会认识到这一点。

为了让你能够更形象地理解我所说的内容, 让我来举个简单的小例子。这样的例子向我们展示了即使在当时看起来是良好的亲子关系, 也可能在孩子的内心档案中留下痕迹, 而使其成为父母与自己孩子相处的问题。当这个问题显现在父母的眼前的时候, 孩子们早已处于青春期的中期了。

　　最初这位女患者是由于其他的问题前来向我问诊的。而在这一事件中，她与她十五岁的女儿之间的问题却成了我们咨询过程中的核心话题。

　　"我真的不知道我应该怎么做才好！"她在一次咨询中大声地喊道，"她的行为根本一点儿道理都没有。在接下来的几年中我还能做什么？我简直等不及她从家里搬出去的那一天了。"

　　直到这个时候，她还完全没有与我谈论过与自己的女儿有什么特别的关系。

　　"她在学校里怎么样？"我问，"她都跟谁在一起？"

　　她是班里学习最好的学生，这个母亲这样认为，而且与她女儿要好的女孩子们也都不错。

　　我能感觉到，我已经开始为这个女孩子感到难过了。

　　"她不吸毒、不犯罪，也不违反什么社会规范。"我说，"她不过只是处于青春期而已。"

　　"可是我已经忍受不了了！"

　　虽然我已经从这位女患者的履历中对她的背景资料有了一些了解，但是我还是决定亲自问问她。

　　这个问题的确是我的秘密武器。每当有父母与自己的孩子之间出现问题，而我作为一个外人又不能深入了解的时候，只要提出这个问题，我都能获得有价值的发现。

于是我问道："你在她这个年纪的时候是什么样的呢？"

（在这样的情况下，我的问题翻译过来就是："在你的潜意识中，都存储了什么样的有关于父母与这个年纪的女儿相处方式的信息呢？"）

这位女患者想都没想就回答道："不管怎么说，我没有像她这样！我那时也根本付不起这样的代价！"

由于我已经猜到她会这样回答，所以我继续问道："那么，你为什么不能呢？"

"因为在那段时间里，我的母亲患有严重的疾病。"

我清楚地知道这位女患者的母亲在那个时间正饱受癌症的折磨。雪上加霜的是，与此同时还发生了一个医疗上的诊断错误。其导致的严重后果又让她的母亲承受了好几年本不必承受的折磨。幸运的是，她的母亲撑过了所有的苦难。而且她母亲在接受治疗的过程中，也一直都表现得非常坚强。但是，对随时会失去母亲的恐惧却深深地烙在了这个女患者的脑海里。

我问过这位女患者，她是否能够想象自己母亲当年生病的情况与现在她跟女儿的关系有着必然的内在联系。当时她看起来并不能被我提出的理论所说服。我也不再试图强迫她接受我的对比解释。不过，当我建议她讲一讲自己少年时代这一段艰难的时光时，她并没有显得不情愿。

"不必多说，当时你的女性朋友们都开始在晚上出去参加聚会，也开始约会了吧。"

"对。可是我从来没有想过这方面的事情。虽然我的父母从来没有禁止过我，可是我更愿意在家里待着。"

青春期之所以不同于其他时期，是因为从那时起，我们开始逐渐以独立的个体形态向别人展示自己，开始离开父母的家。我们在这个时期不断重复的，是以更高级的形式表现出的离开母亲怀抱的姿态去探索这个世界。当然，青春期里人格独立的发展，只有在我们拥有安全感而且是持续有安全感的情况下才会发生。处于青春期的孩子们都是这样的。

可是，他们能够这样做的前提是，只有当孩子们确定在父母的家中一切都安全的时候，他们才会放心地走进这个世界，并开始自己的生活。

正常的认识是：母亲与女儿可以分开，而后会再相聚，这样的成长非常好。然而取而代之、深藏在这位女患者潜意识中的显然是：分开就是死亡。

自从她自己的女儿变得越来越独立，她潜意识深层中的恐惧的记忆再次被唤醒。

"你是怎么看待当年你的女性朋友们的行为的？"我问她。

"我认为她们非常愚蠢浅薄。"这位女患者回答道。

我认为，这完全可以理解。无论如何，她必须为自己纯粹由于恐惧而做出守在母亲身边的决定找到一个看起来正当的理由。女性朋友们所过的令人嫉妒的幸福快乐的生活，这位女患者也曾经唾手可得。为了能够坚持自己的决定，她必须为自己找出不同于其他人的理由。

这也正是这位女患者眼下对自己女儿所要求的事情。

我问她，是否觉得自己当年错过了很多精彩的生活？我常常感到，直到今天，她给我的印象也并非一个完全理智的人。除此以外，她的行为相较于一般成年女性也经常显得更为幼稚。

"的确有错过的可能。"她并没有给出完全肯定的答案，"可是也不可能再弥补上了。"

"不是弥补——不过，人们还是可以做很多其他有意思的事情。"我说。

她先是把眉头紧紧地皱在一起，然后突然大笑起来，说道："我想，我先生说得完全正确。"

"请你举一个例子好吗？"

事实上，这位女患者已经很多年没有与她的丈夫一起出门旅行过了。在后来的咨询中，她开始时常讲起与她丈夫一起共度的时光。那些经历不一定全都完美，但是他们跌至冰点的关系又开始渐渐回暖了。

　　有一次她告诉我，她和她的丈夫一天晚上从舞会回家回得比较晚。当他们到家时，她的女儿不但已经站在门口等他们了，而且还问："你们到底去哪里了？"他们夫妇二人听后，不可抑制地大笑起来。因为通过女儿略带埋怨的语气，他们可以明确地感受到，之前那个严格的角色已经换人扮演了。当时的母亲变成了那个咯咯直笑的青春期少女，而女儿则变成了严格管教孩子的家长。

　　不过我并不清楚这位女患者现在是否能够将自己与女儿的问题跟自己在青春期所经历过的一切联系起来，因为我没有再问过她。

　　与以前完全相反的是，现在，这位女患者常常讲述自己跟女儿一起购物的快乐时光，以及非常享受在买衣服时听取女儿给自己的建议。

　　在她很长时间都没有再抱怨过与女儿之间的关系以后，在某一次谈话中，我又问她："与女儿之间是否真的没有任何问题存在了？"这位女患者惊讶地看着我回答道："真的没有了，为什么还会有问题呢？她已经是一个能够理智处世的大姑娘了。"

　　即使是一直存在于你整个生命中的依恋模式，这里也有一个小窍门用以解除它们。比如：上面的例子中，那个患者的青春期就意味着待在家里陪着母亲。该依恋模式可以通过一个非常普通的依恋模式被替换。

因为行为的改变只能在旧有的依恋模式被新建的依恋模式所替换以后才会发生。

即便是在一个成人的生命中发生如此深层次的改变，也依旧不足以改变其性格特征。这个结论在通过对买彩票中奖以及在事故中瘫痪的人们的调查中得以证明。

调查结果明确显示：人们很快就会恢复到他们发生这样巨大改变以前的状态。那些遭遇车祸后瘫痪坐在轮椅中的人，只要在车祸前对自己的生活感到满意，那么他们在瘫痪后，只需要一年的时间就可以恢复到车祸以前的状态。

瘫痪前热爱体育锻炼的人，瘫痪后依旧会坚持体育锻炼；在瘫痪前就喜欢与朋友们联系聚会的人，瘫痪后依旧喜欢与朋友们聚会，他们甚至还会借此机会多认识几个新朋友。

那些买彩票中奖的人，如果在中奖以前的个人生活就处处充满不如意，那么在中奖一年以后，他又会恢复到不快乐的状态，甚至可能还会更糟糕。因为他们可能会将赢来的钱投在某些不切实际的商业行为上或者错误地轻信一个不值得信任的人。

假如你认为，上述事实听起来简直是悲观的宿命论。那么我必须说，它们不是。快乐与不快乐常常都会在家族中被一代一代地"继承下去"，虽然并非仅仅是在个人行为的层面上。事实上，父母生命早期与周围人关系的经历会通过微小的细节传递给下一代，然后激活某些特定的基因。

好消息是，这些存储在我们脱氧核糖核酸中的信息，在我们的整个生命中是可以改变的。我们在生命早期与周围人建立的依恋模式对我们的影响并非不可改变的。对我们来说，这个事实既是对我们非常有意义的保护，同时又具有巨大的风险。

即使是那些母亲与自己孩子的关系在一开始并不是那么顺利的案例，我们也有办法只通过几个咨询单元就能够教会这些父母如何调整自己与孩子之间的关系，使其能够重新发挥正面的作用。

比如说，当他们对自己大喊大叫的孩子束手无策时。

虽然大多数的母亲在真正成为母亲之前都没有为其将要承担的新身份多做考虑，但是当她们的婴儿大声啼哭时，至少在理论上她们都做好了面对这些问题的准备。不过，当无论母亲如何安抚，婴儿都无休止地大哭大喊时——而且感觉上——好像他根本不会再停下来了，这又是怎么回事呢？

幸运的是，这个问题有解决的办法。目前，在所有的德国大城市中都建有哭喊急救站。那里所提供的服务取得了非常大的成功。最常发生的情况是母亲们经常会错误地理解婴儿发出的信号，也就是说，婴儿们通过哭喊所表达的需求，与母亲们在听到哭喊后为婴儿们所做的事情根本不相匹配。

大多数刚刚成为母亲的人必须首先学会这一点：不应该在婴儿每一次哭喊时都不停地给他新的东西，并希望能猜对他的需求。对这些母亲来说，更重要的是，学会一种声音，并用其安慰自己孩子，让他们平静下来，而不是不断地用新的东西来刺激他们，使得他们不知道自己应该怎么做才好。

即使是还未有过照顾孩子经验的人也能够轻易想象：一位严重缺乏睡眠的母亲在半夜时分跑进婴儿的房间，打开房顶的大灯，不耐烦地大声说着："你现在到底又想要什么？"然后怒气冲冲地把婴儿从床上抱起来，快速地摇晃着。

这样的情况下，婴儿如何能停止哭喊呢？面对哭喊不停的婴儿时，母亲们只需要学习如何辨识孩子的需求以及他们要表达的信息内容。一个坚定稳固的母婴依恋在这个时候就能够发挥巨大的作用。

即使是那些患有产后抑郁的母亲或者是对那些由于其他别的原因对照料婴儿这项任务感到力不从心的母亲，也能获得相当有效的方法。

许多心理治疗机构都有"母婴中心"。在那里，母亲不但可以变得更加坚强、更加可靠，而且还能够学习如何与婴儿建立牢固稳定的依恋。

在那里，常用的方法是"录像分析法"——从分成左右两个区域的屏幕中的一个区域内可以看到摇篮中的婴儿；在另一个区域内可以看到坐在婴儿对面的父亲或者母亲。录像会回放几分钟内父母与孩子之间发生的事情，最后孩子的父母们会与心理学家一同观看这段录像，并一起分析父母们哪里做得好，而哪些孩子们发出的信号又被他们误解了。

对那些还没有与自己的孩子建立起安全依恋的父母们来说，这样的分析不异于手把手地教他们如何翻译孩子们发出的需求信号。通过这个方法，从一开始就可以避免发生令父母与孩子双方都感到挫败的误解，比如说，当婴儿们把脸转开的时候，许多母亲认为这是对她们个人的否定。这些母亲必须首先了解，婴儿们的这个动作所表示的意思实际上是——他们在突然间受到了太多来自外界的刺激，目前需要短暂的时间来消化它们。

所以，在这样的情况下，再尝试用其他的方法来询问婴儿的需求恰恰是南辕北辙的选择，就更不要提其他过激的反应了。当父母们感受到自己的进步时，不会继续在一次又一次的努力中不断感到挫败，这也有助于他们与自己的孩子建立安全坚固的依恋。

我在本书的开始是怎么写的来着？人们根本不必以患上心

理疾病为前提条件，只为了了解自己的心理机能是如何作用的。同样的道理，母亲们也不一定要以参加求助与"哭喊救助中心"或者与自己的孩子参加心理咨询课程为前提条件，只为了学习婴儿的语言。

人们总是有这样的考虑：即使绝大多数父母都能够在与其孩子的相处中做对绝大多数的事情，将婴儿的需求普及为大众的常识也仍不失为一个非常有意义的好主意。

就在几年前，在某个地区的中学里开设了"教育学"这门课程。人们觉得，假如十几岁的年轻人在他们十几年后成为父母以前就能够学习了解孩子们是怎样的一种存在，父母应该如何应对，以及父母可以允许孩子们保留哪些性格特征与行为方式，该是多么好的一件事情啊！

很多具体的细节我都不太记得了。但是，我不能忘记的是，在这个学区中，三分之二的家长们完全反对开设这门课程。因为他们不希望别人教他们的孩子如何成为比自己更好的父母。这个设想也就在一片反对声中不了了之了。

这门课应该给年纪更大一些的学生开设。不难理解，对那些每天要与处在青春期的小魔王艰难斗争的父母们来说，他们不愿意每天当小魔王们从学校回到家里后再雪上加霜地听他们说自己在十几年前做错了什么。

事实上，一方面父母们已经听够上过营养学课程的孩子们在晚餐桌上大谈特谈他们每餐不离的番茄酱在未来只能由自己家中的番茄亲自制成的谬论了。不过，从另一方面来看，开设教育学这门课的设想并非完全不切实际，只需要所有的负责人都支持在某一个年级开设此课。反正不能获得家长们的许可，不如另想一些简单可行的办法。

与此同时，在加拿大有一个有趣的例子。截至今天，已经有超过五十万的学生参加过教育家玛丽·高登在20世纪90年代研究设计的课程。目前在德国不来梅的许多学校的五年级也开设了这套课程。这套课程得以推广的精妙之处在于，其名称被定为"Roots of Empathy"（翻译过来就是：共情的本源或者直接译作细致的情感），这样，家长们就没有理由反对这套课程的开设了。

在一年的时间内，一共上九次课，每次一个小时，课程内容由一位专门的教师讲授。这名教师授课时需要一名婴儿，而婴儿则是由自己的母亲所陪同的。为了学习这部分内容，还需要有一名特别的辅导教师为学生们做课前准备与课后复习。

这位教师是一位名誉教师。他讲授这门课程甚至不占用学校的资源。在这门课上，学生们会学习婴儿的需求以及婴儿表达自己需求的方式，学生们还可以就此提问。这门课所达到的效果与"哭喊急救站"和视频录像分析所达到的效果相同，即：极少的投入，极大的收获。

当研究者们将参与这门课程的学生与未参与这门课的学生相比较时，结果显示：越来越多上过这一课程的孩子们能够随时保有与周围的同学互相帮助的自觉，而未参加过相同课程的孩子们（可能也存在年龄不同的关系）能保有互助自觉的人数在相同的时间里越来越少。攻击性的行为在共情班中减少，却在别的班级中增加。换位思考、为别人着想的能力在共情班中也明显增加。

人们当然可以假设这门课所达到的效果会很快消失。不过事实显示的结果却是，这两群不同经历的孩子们之间的差距会随着时间的推移越来越大。

这就表明：共情能力不是那种学过之后又会遗忘的能力。共情能力是一颗种子，着土生根，并在潜意识中发芽开花。对研究大脑练习的研究者来说，这并不值得惊讶。他们能够证明，我们对依恋的需求可能会在不同时期呈现出不同的状态，但是却不会完全消失。一个能够向孩子传递值得信任与可靠信息的人一定能对他的人生产生正面的影响。

无数的事实向我们证明，一个人所经历的事情能够对其性格产生根本性的影响。仅仅是向身边的人传递安全坚固的依恋信息——即使他们并未亲身经历——也能够帮助他们看到希望或者发生改变。尤其是被谈论到的人不必感到难过，只需把这当作自己经历的一部分。即使是从未有过类似经历的小孩子，也能够强烈地感受到，正确的行为必须是这个样子的。

我们不妨怀有这样的希望，参加过这门课程的孩子有朝一日真的会变成感情细腻的父母。那么这门课程就可以改名叫作"父母执照秘密课程"。

童年不总是美好的事情。

就在我写这本书的时候，联合国儿童基金会公布了一项在一百九十个国家进行的关于对儿童进行暴力伤害的调查统计结果。其中有百分之三十的成年人表示，体罚是教育孩子不可避免的手段。在一些国家中，抱有相同观点的成年人甚至超过总数的一半。这个令人悲伤的事实激励我们继续探究"为什么这个世界不能更美好呢"这一问题。

在接下来的章节中，我将向你讲述一些不愿意回忆自己童年的患者的案例。在讲述这些案例的时候，我不能再用你已经习惯的轻松语调。希望你在阅读的过程中能够理解。

安全感、危机感以及焦虑

为了明确母亲与孩子之间的依恋模型是如何发展的，研究人类依恋模型的科学家们选择运用我已经在书中提到过的"陌生情境法"来检测。这个测试方法已经成为科学家研究人类的依恋模型的绝对经典的方法了。

下面让我简略地描述一下该测试的过程：母亲与孩子一同进入一个陌生的房间，例如心理研究所的测试房间，也就是说进入一个该婴儿或者幼儿并不熟悉的房间。过一段时间以后，母亲就会被要求离开那个房间，而孩子将会独自与房间中的心理学家共处。心理学家们所观察的就是：当母亲离开房间的时候，孩子会做出怎样的反应；当母亲再次回到房间的时候，孩子又会做出怎样的反应。

人类依恋模型研究者将母亲与孩子间不同的依恋类型分为

四种，下面我们将先对其中的三种分别为你做一个简短的介绍：

安全-稳定型依恋

对一个与母亲有着安全-稳定型依恋的孩子来说，当母亲离开他并让他独自与陌生人共处的时候，他一定会表示抗议。该现象并不表示这个孩子特别胆小、不能自立。对幼小的孩子来说，这毕竟是一个恐怖的过程，他们要独自面对接下来可能发生的事件并尽力存活下来。倘若母亲没有听从孩子在此时发出的信号："嘿，带上我啊！别让我一个人在这里待着！"那么，这个小家伙就会被牙齿锋利的老虎吃掉或者以另外的方式丢掉性命。

等到孩子们长大一些的时候，假如他们不情愿独立上床睡觉，这也与牙齿锋利的老虎有关。因为当人类还生活在丛林中时，一头四处觅食的老虎毋庸置疑会对一个被母亲独自留在床里的婴儿造成威胁。

是的，某些行为并不会在短时间内造成种群的灭绝，至少是那些持续生存已经得到保障的种群不会因此而灭绝。假如一个孩子对母亲将他单独放在一个陌生的地方并与一个陌生人共处的情况表示抗议的话，那么这绝对是一个值得庆幸的现象。因为这就表示他的母亲能够被他毫无条件地信任，而且他也相信母亲一定能够在危险的时刻保护他，并在秩序被打乱的时候安抚他。

慢慢地，我们都能够理解成年人之间是否能够长时间地保持幸福的关系与他们在童年时期是否安全稳定有着密切的互为因果的关系。在童年与父母有过安全－稳定型依恋的孩子在学龄前能更持续、更有创造力，也更快地学习语言。他们拥有更多的朋友，能够更好地渡过危机。

假如你自己曾经属于这个类型的孩子，那么你绝对有理由对童年所发生的一切表示感激。你完全可以依赖你的潜意识向你提供的所有建议，因为你所学习到的一切都对你与这个世界相处、与他人相处以及与自己相处是有益处并且有价值的。

有百分之五十到百分之六十的孩子都与父母有着安全－稳定型的依恋。

焦虑－回避型依恋

当你还是婴儿的时候，就知道与周围的人建立依恋。倘若你建立依恋的需求一再被忽略——就像那位在轻轨电车里玩手机的母亲一样——或者人们向你表示，他们不愿意与你建立依恋，那么一段时间以后，你就会自动放弃这种尝试。这种与周围的人建立依恋的基本生存需求被压制，会让孩子在心理上背负巨大的压力。

在"陌生情境法"中，当此类孩子的母亲离开房间的时候，孩子们的心跳频率会有所改变。这些孩子会变得焦躁不安，只是人们并不能明显地观察到。如果他们的母亲能在几分钟内就回来，那么他们就会继续玩自己的玩具，并不会表现出明显的情绪变动。即使他们已经会走路了，也不会跑着去迎接他们的母亲。取而代之的却是忽略自己的母亲，甚至是向他们几分钟前才认识的心理学家求得依恋。

这些孩子的应激反应却常常会被误解为非常自立并且"容易被照顾"。如果我们检测这些孩子在处于该应激情况下唾液中的皮质醇含量，就会发现，事实上他们唾液中的皮质醇含量要高于那些在母亲离开后会哭闹的与母亲有着安全－稳定型依恋的孩子。

这就是与母亲有着焦虑－回避型依恋的孩子们所学到的：在非常早的时期就表现得异常"理智"。甚至早到人们还根本没有要求他们有这样的行为时就学到了。人类依恋模型研究学者们认为，在孩子出生的前一年半中是不会被宠坏的。比防止宠坏孩子更重要的是与他们建立依恋，建立起充满信任的依恋，以便孩子们体内的皮质醇不会持续上升。

如果从医学角度解释皮质醇，你一定认识它的药物形式，那是一种刺激皮质醇活跃性的药剂。假如你知道某个人正在服用此类药物，那么你就一定知道他正在忍受着一种病痛的折磨。你也一定知道，医生只有在无可选择的情况下，才会允许病人服用刺激皮质醇的药物，因为它会产生严重的副作用。我们的身体，确切地说是肾上腺，只有在身体超出正常状态的情况下才会释放皮质醇。

当我们处于巨大压力下的时候，皮质醇能够起到缓解压力的作用，让我们的身体回归到平衡的状态。倘若我们承受的压力持续存在，那么身体中皮质醇的含量就会持续维持在一个较高的水平，这种情况与我们长期服用含有皮质醇的药物一样，都是损害身体健康的行为。

那些没有与其他人交往经验的孩子，那些还需要改善自己与其他人交往形式的孩子，那些在与其他人的交往中还没有意识到他们自己与自己需求的重要性以及自己是值得被爱的孩子在长大以后，会遇到的问题是可以预见的，那就是——如何正确地描述自己的感觉。

因为他们没有学习过有关表达感觉的正确词汇——他们从来也没有听其他人说过："啊！你觉得无聊了！"或者"啊！你要亲热一下！"他们只听其他人说过："你又来招人烦！"

孩子们不想招人烦。孩子们想得到其他人的爱。由于孩子们倾向于避免焦虑型依恋，当他们不能从主要照顾自己的人那里得到无条件的爱时，他们就会在拒绝给他们爱的母亲与无条件给予他们爱的其他人之间选择爱他们的其他人。这些人能够满足孩子们与他人产生依恋的渴望，同时也能给予孩子们与其渴望相符的东西。在这样的情况下，孩子们虽然并未与自己的母亲建立安全的依恋，但他们至少不会被责骂。

在这样环境下长大的孩子，他们会在内心拒绝这种依恋建立的可能性。

从大约十岁开始，这些孩子就开始明显减少谈论那些令他们不适的感觉了。即使他们偶然还是会谈论，其所谈论的主题也极少涉及情感方面。当这类孩子成年以后，他们也常常不能向自己的伴侣展示自己的情感，也不知道该如何谈论涉及情感的话题，更不能理解在这种情况下自己的伴侣对自己有何期望。因为这样的情况他们根本没有经历过，而他们的父母告诉他们，在他们的家里，一向如此。

即便是今天，新成为父母的人们还在尝试按照一些专家建议的方法教他们的新生儿学习快速独立入睡。这个方法就是当婴儿哭喊的时候，便放手让他们哭喊。假如父母总在婴儿哭喊的第一时间就跑去安抚，那么婴儿就会被宠坏，从而无法学会独立处理自己的情感，并独立平复自己的情绪。

在人类依恋模型研究者们看来，这个建议简直是无稽之谈。因为一个婴儿根本没有控制自己情感的能力。一个孩子哭喊的时间越长，他血液中压力荷尔蒙的含量就越高。这样的情况如果在婴儿时期发生得过于频繁，那么，他的健康就会受到伤害，并且会对这个婴儿的一生都有负面的影响。

除此以外，如果在夜里哭喊的婴儿总是能够直接快速地得到安抚，那么从长远的角度来看，他们哭闹的次数会越来越少。虽然那些不能立即得到安抚的婴儿最终也会哭闹得越来越少，但是至少在人类依恋模型研究者们看来是由于其他原因造成的。

正如我们所知道的，幼儿虽然并不具备绝大多数的生存能力，但是他们却能够非常迅速地学习。基于这个原因，那些被成人放任哭喊的婴儿也很快就能认识到这个世界是一个不能期望得到爱与帮助的地方。

一些来向我问诊的患者在成年后仍旧会有严重的睡眠问题。他们要么恐惧黑夜，要么在不开灯的房间不能入睡。这些问题都是由他们在婴儿时期缺乏上述文章中讨论的父母安抚行为所造成的。这些患者是如何能够知道在自己还没有记忆能力时期的事情的？非常简单，因为他们的父母在他们长大以后，骄傲地向他们讲述自己是如何在孩子们还非常幼小的时候就教会他们自立的。

百分之三十到百分之四十的孩子都是属于焦虑－回避型依恋这一类型的。

焦虑－回避型依恋这一类孩子从自己的经历中至少可以总结出一系列的行为规范。我的妈妈不喜欢我跟她亲热，所以我就不再跟她亲热了。当我难受的时候，我必须学会想办法自己平复自己的情绪。这样虽然不完美，但是孩子们毕竟还是能够找到可能的行为规律的。出于这个原因，这一类型的人还不属于那些必须考虑尽早计划进行心理治疗的人群。

而接下来的两类人群则完全相反。

焦虑－对抗型依恋

专业人士也把这类依恋类型称作不安全－矛盾型依恋。如果主要照顾孩子的人并不像焦虑－回避型依恋类孩子的主要照顾人一样，仅仅是属于长期缺失状态，要么在很长的时间内或者持续性的情绪时好时坏，要么只关心自己的问题，那么由这个人照顾的孩子便极大可能从其身上了解到自己跟这个人事实上没有什么关系。

孩子的主要照顾人的行为方式与其个人正在经历的情绪有很大的关系。对于身处这种依恋模式中的孩子来说，这个世界既不温暖友好，也不冰冷，它令人无所期待。对他们来说，这个世界就是一个巨大的、永远在变化的、让人捉摸不透的地方。

很多年以前，我看过一个电影，其中的母子关系正是我刚刚描述的这一种。电影中的母亲有严重的酗酒问题。这个母亲时而在白天昏睡不醒，她的孩子则必须独自面对各种问题；时而又在深夜将孩子从熟睡中唤醒，因为她想开一个冰激凌派对。

缺乏可预见性让人不安。在我们生活的这个星球上，寒来暑往、四季更替，它们如何能够保证有序地出现，又是谁在掌控着物理的规律，想到这些的确令我们担心。当父母的行为方式无迹可寻、不可预测时；当他们时而出现、时而消失时；当他们时而充满爱意又时而冷漠无情时，给孩子带来的不安全感就像那些不可预见的事情给成人们带来的感觉一样。

在父母的众多责任中，教给孩子们认识自己的情感并能够处理自己的情感是其中非常重要的一项。无须多言，在那些自己都没有掌握这项技能的父母身上，孩子们根本什么也学习不到。对于那些不能掌控自己情感的父母们的孩子来说，这样的情况会导致他们从很早就对自己的各种情感无所适从。他们虽然会用哭闹来表达对不被关心的不满，但是同样会对亲密的关系产生抗拒。

在陌生情境法中，与不能掌握自己情感的父母生活的孩子反应最为强烈。当他们的母亲离开房间以后，他们会疯狂地拍打房门，因为他们要不顾一切地跟母亲一起离开。而且他们的情绪也异常难以安抚。当他们的母亲再次回到房间后，这些孩子会一边冲上去紧紧地趴在母亲的身上，一边愤怒地企图痛打母亲。

换句话说就是，正是由于照顾孩子的人的行为是如此不可预测，直接导致了孩子们也无法找到处理自己情感的方法，以至于当孩子们在面对问题出现的情况时，也不知道应该如何借助他人的帮助来解决自己的情感问题。这是一种内心分裂的症状，而且是极早出现的情况。

完全不必奇怪为什么人们开始将这类孩子称作"非常麻烦的孩子"。他们在自己的生活经验中学习到的是，为了得到周围人对他们的需求给予回应，就必须得非常大声、非常激烈地表达自己的愿望。也许他们的母亲曾经如此专注自己的事情，甚至完全忘记了他们。就像我们已经知道的，因为被忘记对幼小的孩子来说是有生命威胁的，所以他们一早就学会了：如果妈妈不照顾我，那么我就照顾她，这样她就不会忘记我了。

又或者，正如一些依恋研究者所说的：这些孩子学会了高度集中自己的注意力。至少是为了能够搞清楚妈妈正在忙些什么，以便自己能够对妈妈的行为做出适当的反应。对这类孩子来说，开心地玩游戏也是非常困难的，因为他们每时每刻都在恐惧——自己的游戏会被没有前兆地打断。

孩子们常常玩得什么都忘记了。这对需要监督他们准时去幼儿园、准时去上学或者准时上床睡觉的父母们来说并不是什么愉快的事情。尽管如此，当我们回首自己的童年时，忘我地游戏是非常正常的情况。忘掉自我，这是一个非常美妙的词汇。完全沉浸在我们正在做的事情当中，不必在心里时时惦记着还有一个无情的钟表。

我的许多患者都失去了与忘我这个能力的联系，他们不能够理解减少压力对我们所有人是多么重要。对他们来说，重新学习对抗压力的方法是当前的首要任务。他们自己也知道，要是问他们有哪些爱好的话，他们根本不知道应该说什么。他们也不知道一个能够令他们忘掉自我的时刻是多么重要，比如，沉浸在阅读中；在做手工艺品的时候只专注于手中的作品；或者只是冥想；抑或在专注力练习中尝试清空一直在头脑中困扰他们的想法，以获得片刻的平静。正如早年间，当我们还是孩子的时候，躺在草地上只专注地看天上的云朵飘来飘去。

这样的状态与睡一个好觉对我们的身体健康同样重要。事实上，这两件事情的原理是一样的，也就是：时不时地关闭消耗我们精力的东西，让自己在潜意识的波涛中恣意地冲浪，忘掉自我。

只是，焦虑－对抗型依恋的孩子们很少能够体验这样放松的时刻。

许多患者曾向我表示，他们非常不愿意回到家里。

假如孩子们偶尔有并不愿意回家的情绪，这没什么可值得大惊小怪的。他们必须将结果并不理想的成绩单带回家，而回家后会发生的情形又可以预见：父母们会批评他们对考试掉以轻心，没有在考试之前做好准备；又或者孩子甚至模仿父母的笔迹，在成绩不理想的成绩单上签上了父母的名字，而现在，他们害怕这件事情被父母们发现。可是，我说的情况却与上述的例子完全不同。我说的是，孩子们从来不想回父母的家这种情况。

"我从来不能预料，我母亲此刻处在什么样的情绪中。"这些患者常常会这样向我描述他们的心情。"在学校里，一切都是那么简单，那里有能够让人遵守的规则。我喜欢有能够遵守的规则，所以我从来没在学校里遇到过麻烦。可是我母亲的情绪却完全不能被预知。"

百分之十到二十的孩子是处于焦虑－对抗型依恋中的。

假如你将上文中所有的百分比汇总，发现最后的总和并不等于百分之百时，请不要疑惑，因为不同的调查分析结果总会有一些细微的偏差。所以这里所说的数值并不是绝对精确的。

它们只能表示一个大致的趋势。

这些在一个人生命早期中经历的事件，在日后的生活中所影响的不只是他的心理状况。那些在陌生情境法中被定义为焦虑－回避型依恋或者焦虑－对抗型依恋的孩子在成年后对其各种身体疼痛的报告是在安全型依恋中成长起来的人的六倍！

对依恋研究者来说，这样的现象并不难以解释，而且他们对其产生的原因也已经有了自己的猜想。人类对依恋的渴望被迫长期压抑就会产生压力。一个幼小的孩子感到的压力越大，他就越渴望与其他人有亲近的依恋关系；怀有这个愿望的孩子得不到抚慰的时间越长，他体内的皮质醇含量就越高，而且持续的时间就会越久。

长期持续的压力会影响我们体内所有机能的运作进程，除了我们已经提到的，还会减少血液含量，减弱疾病预防针剂的作用，延长身体伤口的愈合时间。除此以外，还会减少身体中皮质醇的受体，这就导致发炎的症状不再能被有效地控制。有一家美国医疗保险所做的研究调查同时也指出了另一些由此导致的疾病，比如说：风湿。

有焦虑型依恋经历的人，不论是焦虑－回避型依恋，还是焦虑－对抗型依恋，对他们来说，成年以后经营一个与大多人相同的事业或者不特立独行的私人生活都是非常困难的。从幼儿园时期开始，他们就信任别人，常常轻易地拒绝别人，或者有意地中伤他人（"他不喜欢我！""他特别坏！"）。拥有安全型依恋的孩子们与别人发生争执的次数并不会比前者少，但是他们一般很快就能找到和平友好地解决问题的方法。

即使是在成年后，属于焦虑型依恋的人在面对受到伤害、失望、被孤立，还有被亲近的情况时，也很难做出适当的反应。总体来说，这些人很难在没有药物或者其他别的什么代替品的情况下被安抚，保持身心的健康状态。他们只需调试自己内心的状态，一切就都会变好，但他们却认识不到这一点。

想让潜意识自己找到解决这个问题的办法几乎是不可能的。由心理状态导致的行为方式是没有相应的开关来调控的。即使是在心理治疗的帮助下，真正能够改变一些自己原有的世界观也需要付出巨大的努力与耐心。因为在大脑中建立新依恋模式的同时，我们不可避免地要接触旧有的依恋模式，而通过新的依恋模式将其替代则需要相当长的时间。

对于谈论焦虑型依恋以及该依恋模式所带来的种种后果，会让许多人，特别是那些自己没有亲身体验过安全型依恋的人感到非常不愉快。他们猜测这样的公开讨论会让他们留下后遗症，或许他们也认为让自己比自己的父母更多更好地为自己的孩子着想，满足孩子的联系需求根本就是不可能达到的目标。

有的时候，也会有类似这样的想法：对孩子们来说，我不认为父母在一开始时就让孩子相信这个世界是和平和友善的是一件好的事情。更实际的方法应该是让孩子们知道在这个世界上生存是一件极其不容易的事情，而且越早知道越好。

假如人们想要将制造将杀戮视为家常便饭的儿童士兵，那么上述的办法正是适当的教育手段。（要是你认为我在这里夸大其词了，那就请你看看电视节目中，儿童手持成人武器的画面的出现率有多高吧。）

假如人们希望自己的后代能够成为一个能为他人着想，对自己与其他人都有同情心的人的话，那么通过上述的教育方法，你的后代一定不能如你所愿。

一方面，缺乏与他人形成依恋的经历已经被证明是造成暴力型人格的原因之一。这类人不能理解：他的行为方式恰好促使这个世界变成了他们眼中的充满敌意的世界。另一方面，从医学的角度来看也是愚蠢行为。难道为了帮助我们的孩子能在这个无情的悲惨世界上生存做好准备，就要让他们体内的皮质醇升高，让他身体的免疫系统紊乱吗？

在我们开始了解最后一种依恋模式以前，让我们先来稍微放松一下，一起回顾一个著名的试验。

控制冲动与遵守规则

也许你曾在电视广告短片中看到过这个片段：在影片中，每个孩子的面前都放了一个玩具和一颗巧克力惊喜蛋（你知道我说的是什么）。而这些孩子也被告知，如果他们能够忍住不吃掉这个巧克力蛋，等到刚刚见过的那位友善的女士再次回到这个房间以后，他们就会得到第二个巧克力蛋。

这个测试的核心目的是：测试孩子们是否能够控制自己内心强烈的冲动——我要打开！看看中间的玩具是什么！吃掉巧克力蛋！

可以这样理解，人们有意识的思维一方面要与他们天生的好奇心做斗争，另一方面还要与一个从远古就根植于人类的生存本能做斗争——也就是说：当有食物在眼前时就要吃掉，因为人们并不知道什么时候会再有食物。

　　惊喜蛋测试为我们的意识提供了一次战胜潜意识的机会。只要我们的意识能够通过控制自己的冲动告诉潜意识：你只需要再耐心地等待一会儿，接下来你就能得到两个巧克力蛋。

　　当潜意识给出OK的指示时，能够从自己的经验数据库中证实：没错。以我的经验来看，当人们承诺一件事情的时候，他们通常也会遵守自己的承诺。

　　上述电视短片展示的其实是一个很多年以前就非常著名的心理试验。当时，心理学家们是对一群四岁的儿童进行测试的。测试的方法是在每个孩子面前放一块棉花糖。

　　很多年以后，人们又对当年那群参加棉花糖试验的小孩子们进行了追踪调查。而这个时间跨度很大的追踪调查的确向我们展示了一个非常有趣的结果。当年那些能够得到第二块棉花糖的小孩子较之没有得到第二块棉花糖的小孩能够在大学考试中取得更好的成绩，身体状况更加健康，婚姻生活也更加幸福。

　　不，请你不要在阅读这个故事后误解我的意思。通过描述这个试验，人们有可能会误认为：那些依恋研究者一直强调的溺爱有利于最初依恋的建立，但是最终还是会让被溺爱的孩子付出代价。反而是那些从一开始就被要求遵守规矩的孩子能够成为最终的人生赢家。可是，我们难道没有在之前的章节中学到，规矩并不能带来什么好处吗？

前一阵子，一本由一位美籍华裔母亲所写的教育子女的书籍引起了全世界的巨大争论。因为她坚信她的女儿们是通过严格的管教与严厉的惩罚而获得成功的，所以，她也被称作"虎妈"。

当然，在这个问题上，心理学家们又将整个教育过程放到"放大镜"下仔细地观察研究，并给出结果：如此严格的教育不能带来任何好处，甚至还会达到物极必反的结果。极其严格的教育只能制造出胆小的孩子。他们常常不敢说出事情的真相。谁要是在自己的经历中不断地体验不诚实的人能够比诚实的人走得更远、爬得更高，那么这个人迟早会变成一个惯于撒谎的人。在这种教育方式下长大的孩子，成年以后因为剽窃博士论文而成为被各大媒体争相报道的丑闻主角的可能性要比其最终获得诺贝尔奖的可能性要大得多。

没有经受过严厉管教而成长起来的孩子，自然不会承担巨大的心理压力。这样的外在条件反而能够促使他们取得更好的学习成绩。除此以外，他们几乎不会产生绝望的情绪。现在我要说的原因对你来说已经不新鲜了，因为我们都知道，压力减少导致紧张情绪减少，也就减少了皮质醇的分泌，最终减少了畏惧情绪的产生。所以，即便是那些从父母那里鲜少获得关爱与支持的孩子们，（在学校中）也比那些从父母那里得到巨大压力的孩子过得更好并能取得更好的成绩。

　　孩子们在学校中不学习，这个事实通常不是由于得到的压力太少所导致的。一般来说，造成这个结果的原因是他们得到了太多的压力或者是得到的支持太少。这两种原因导致的结果是相同的。在这一点上，还必须被提到的关键问题是：我们的大脑最早要到成年以后才能将批评转化为前进的辅助手段。对八九岁的小孩子来说，负责他们学习的大脑区域只有在被夸奖的时候，才能够做出积极的反应。

　　还有一个常常被人们误解的事实，我也想借此机会一并澄清。人们可能会猜想，那些在"棉花糖测试"中表现出强大意志力并在日后的生活中取得更大成功的孩子们可能是天生就具有该性格特征。当时，关于人类依恋模型的研究才刚刚起步，在那个时期，这一研究领域很少被人关注。而今天，有关人类依恋模型的研究结果已经取得了广泛认可。

　　研究者们也致力于研究那些具有强大自控力的孩子们属于何种依恋模式。新的研究结果显示，那些对他人更加信赖的孩子，也就是说，那些来自有安全型依恋的孩子能够在"棉花糖测试"中取得更好的成绩——他们能够比对他人拥有更少信任感的孩子平均多坚持十二分钟，之后才会放弃。

如果我学到的是：这个世界是一个充满信任的地方，那么，我就可以放心地相信所有人向我承诺的事情，而且最终都会被兑现。而假如我没有体验过这个经历，那么，我的潜意识就会告诉我：赶快抓住你能得到的东西。谁知道待会儿它还在不在了！

"棉花糖测试"给大脑研究者提供的另一个有趣的研究结果是：这个测试结果并不能通过其他意志力的测试重现。"棉花糖测试"的结果是由注意力是否能成功转移导致的。因为在这个测试中起主导作用的是极其消耗身体能量的同时也基于相同原因导致工作效率受到严重制约的意识。而意识每次只能将注意力集中在一件事情上——要么注意的是棉花糖，要么是别的事情。

还有一件小事也值得一提：实际上，每一次我们人类只能将注意力集中在一件事情上，这个事实终结了同时完成多项任务的神话。早在很多年以前，人们就已经明确地知道：男性没有同时完成多项任务的能力。新的研究成果则表明女性也没有这个能力。其原因是：我们的大脑不是这样工作的。

新的研究结果还告诉我们：人类一次同时最多可以接受四个新事物。比如说：一个创意最多同时展现四个不同的角度或者一篇文章最多分成四个层次。在接受了四个新事物以后，我们大脑的工作区域就会被全部占满，我们的注意力也就不能继续集中了。即使是我们强制将注意力放在其他别的事情上，我们的大脑也不再有能力——至少是负责意识的区域——满足该需求。

同时完成多项任务的含义，就是将注意力同时集中在很多事情上。事实上，我们虽然能让自己在许多任务中来回切换，但是我们牺牲的是注意力只集中在一件事情上时所能达到的明显更好的效果与质量。

倘若有很多人告诉你：你也能够在高速公路上一边开车一边打电话，甚至还能发短信，那么我想说的是：人们愿意相信的事情无穷无尽。还有许多人相信星座，甚至相信政府向人民隐瞒了外星人规律性地在地球上紧急降落这一真相。

你当然可以相信，开车的过程中接一个工作上的电话并不会将你需要用于开车的注意力全部占用。说实话，你也不是第一次一边开车一边打电话了。大脑研究者们虽然不会承认人类的大脑没有一边开车一边打电话的能力，但是他们也知道，超过一半的人不能自主地控制自己如此高负荷运转的大脑。

直到今天，还有人相信，在开车的过程中没有必要系安全带。我们根本不必尝试用物理书中的公式和定理让他们的榆木脑袋开窍。我们只需让他们在没有安全带保护的情况下坐在一辆停在非常陡峭路面上的汽车里，再让汽车以每小时25千米的速度缓慢地朝着一个路障滑下去。根本不需要苦口婆心地给他们讲道理，他们就会相信大自然的真理永远会取得最终的胜利。

我再向那些想知道一般人的大脑是如何工作的人强调一次，我们没有超级英雄那样能够同时执行多项任务的能力：当我们的注意力在两项任务之间切换的时候，只会丢失信息单元。这也就是为什么，当人们恰好必须全神贯注地工作时，一般来说，他们会对打断或干扰他们的人或事件报以非常激动的反应。因为在被打断以后，之前还未从大脑"工作内存"存储到"工作硬盘"中的数据就会被自动删除，而再将其找回则需要相当长的时间。

同样是出于这个原因，很多人共用的大房间办公室只会受到不负责什么重要任务的工作人员以及愿意跟其他人聊天多于专注工作的人的欢迎。

"棉花糖测试"教给了我们什么？

如果我们能不为了注定得不到的东西而焦头烂额（或者是由于其他什么原因刺激着人的欲望），而是想一想其他的事情，那么我们的生活就会变得简单惬意得多。简单惬意的生活可以帮助我们停止偷窃，停止招惹其他人厌烦我们。为了达到这个目标，我们需要控制自己冲动的能力，而拥有这个能力跟遵守规则完全是两回事。

规则是人类有意识的思维对潜意识中的意志采取强制手段的工具，虽然潜意识更清楚什么对我们的身体和心理有好处。因为最终潜意识的工作基础信息并非全部来自我们大脑中的记忆，也来自我们最近的身体记忆。

与之相反，冲动控制则表示，我们学习与从我们一出生就具有强大能力的情感和平相处，并通过有效的相处手段防止它们控制我们的行为。而这些是我们在生命的前半年中不能依靠自己一个人的力量实现的。只有与一位我们的主要照顾人建立起紧密的依恋以后，我们才能明白，自己不能控制的情感并不是灾难，真正的灾难是产生这些情感的原因。控制这些情感的方法是可以学习的，我们也能通过这些方法让自己安静下来的。

行文至此，我们一直讨论的话题都是人们在他们出生后的前几年中所经历的所有事件，以及所有进入他们内心档案的信息都会对他们的一生产生什么样的影响。人们只有用正确的方式处理这些信息才能顺利地度过一生。那些在生命的早期获得安全型依恋的孩子，能够更好地处理自己的情感；而那些获得了焦虑型依恋的孩子，只能够在很小的程度上处理自己的情感。

　　即使我们已经将这些依恋的种类区分得非常详细了，人类依恋学家还是又分出了一种不属于以上所有种类的依恋模式，而该依恋模式在人类生命极早的时候就发挥自己的影响力了。

　　在下一节中，我们将对此进行详尽的介绍。

隐藏的部分

假如一个母亲在怀孕期间承受了许多压力，那么不仅仅她的压力荷尔蒙会飙升，她腹中的孩子也会被这些压力影响到，更不要提这些影响的持续效应了。每一次那些被压力问题长期——不是几个月，也不是几年，而是一辈子的时间——困扰的患者来向咨询师问诊时，我都可以断定，早在他们来到这个世界的那一刻（或者在更早的时间），压力问题就已经根植于他们的体内了。

我都不知道已经听说过多少次这样的叙述了：患者的母亲在怀孕期间与患者的父亲分手了，或者在怀孕期间被患者的父亲家暴。在一个让大多数人都经常会失去自控力的关系中，争吵与暴力绝对不会只是偶然出现的现象，而是贯穿始终的。它们出现在孩子出生之前，延续到孩子出生之后，一直到孩子们长大到能够以离家出走或者以永远搬离父母家庭的形式进行反抗。

在最后的依恋模式中，我们会讲到这个问题。

不可靠的依恋

专业人士称这种依恋模式为紊乱型依恋。属于这个依恋模式的人常常来自在青少年时期就被忽略或者被虐待的问题家庭。这其中的很多父母要么自己患有严重的心理疾病，要么就是严重的瘾君子。

这种依恋模式是我们之前都讲述的焦虑－对抗型依恋的加强版。在这种不可靠联系中，孩子们也同样从小就完全不能指望自己的父母，不仅仅是由于他们的反应完全不可靠也不可预知，而且还由于孩子们对他们的父母怀有巨大的恐惧。

父母们必须能够让他们的孩子们相信，他们能正确地处理一切；否则的话，孩子们就会失去安全感，心中的恐惧也会不停地增长。缺乏安全感的心理状态也会导致：当青少年救助中心的工作人员试图将孩子们从这样没有秩序、充满虐待的家庭中救离时，这些孩子们还会抱着怀疑的态度阻挠他们的帮助。我们对与父母联系的渴望是这样的强烈，即使是这个联系会伤害到我们自己，甚至产生长时间持续性的伤害。

我们在这里要谈论的并不是那些不能长期陪伴在孩子身边

的父母，甚至也不是那些行为不可预见的或者是让孩子们产生困惑的父母。我们在这里要谈论的是那些通过这样或者那样的行为方式给他们幼小的孩子造成恐惧的父母。有一个与"陌生情境法"类似的心理测试，叫作"无表情测试"。至今，已经有非常多的三个月至六个月大的婴儿参加过这个测试了。

"无表情测试"是这样进行的：婴儿们坐在婴儿摇椅中，他们的母亲隔着一张桌子坐在孩子的对面。一开始的时候，母亲可以跟孩子一起玩上一小段时间，然后她们会得到心理学家的指令，在一分钟内保持完全静止。这包括没有任何微小的动作或者完全没有一丝表情。孩子们对此的反应自然是困惑不已，很多还会开始哭闹或者大叫。

我们知道，孩子们无时无刻不在母亲的脸上寻找她的表情，以确认她当前的感觉，并为以后能将每一种表情与其相对应的名字互相关联在一起而做准备。除此以外，当幼儿们对某个情况不能明确地评估时，他们也会求助于自己的母亲。例如：这条小狗咬人不咬人？我可不可以摸摸它？早在用语言表达以前，母亲脸上的表情就能回答孩子们的疑问了。

不仅仅是暴力与持续的争吵令一个孩子难以承受。如果他的母亲患有妄想症或者是严重的抑郁症的话，特别是当这些病症使得母亲的脸上没有孩子们能够利用的表情信息时，那么这种情况对孩子的伤害也是巨大的。

在试验中我们可以看到，母亲们仅仅在一分钟的时间里没有对孩子的行为做出反应，或者对其实施帮助，孩子们就开始感到害怕，甚至大声喊叫。那么，你一定能够想象，当一位母亲长时间地如此对待她的孩子时，这个孩子的心理会受到什么样的伤害。

对一个属于紊乱型依恋的孩子来说，这个世界根本不是一个充满爱与值得探索的有趣的地方，而是一个令人心生恐惧的地方。

在"陌生情境法"中，这类孩子的行为也显得异常怪异。他们有的原地转圈，有的来来回回地晃动摇椅，还有的会突然一动不动地停在那里，就好像有人按了暂停键一样。这些反应表明，他们在非常早的时候就学会了在面对陌生的情况时如何进行自我安抚。自然，他们体内皮质醇的含量也会居高不下。有的时候，这些孩子甚至会在他们的主要联系人回来的时候表现出巨大的恐惧——请你想象一下，一个孩子已经在长达一年到一年半的时间里对自己的亲生母亲心怀恐惧。

研究者们对导致如此亲子关系的原因的看法与普通人不同。他们认为，事实上，当人们有了自己的孩子以后，在与孩子的交往中，总是会不自觉地在潜意识里搜索自己的童年经历。对这类父母来说，他们的童年经历让他们同样要么长时间地心怀恐惧，要么从未真正开心过。由于这个原因，这类父母在与自己孩子的相处中要么给孩子发出没有安全感的信号，要么在自己孩子的身上重演自己早年的经历。

在这种情况下，自己孩子的哭喊引发了这些父母潜意识中对自己童年中哭喊的记忆，但是与此相连的记忆中却完全没有应该相应存在的安抚与帮助措施，接踵而至的更可能是新的恐吓。在这种依恋模式中，孩子被看作是囤积的不愉快记忆的触发者。父母的潜意识中则存满了这样的触发点：孩子哭喊就应该挨打。

百分之九十的被虐待的孩子都属于紊乱型依恋。

在这些孩子身上最明显的标志就是，他们具有非常高的攻击性。这一现象也导致了令人难过的恶性循环。虽然恰恰正是这些孩子需要特别多的关注，但是正是由于他们高攻击性的行为特征，幼儿园中的老师与同龄的小朋友们都不愿意与他们接近。

这样的孩子即使是在幼年时期从寄养家庭、收养家庭或者某个其他家庭中得到过更美好的经历，他们也仍旧会表现出令人难以接受的行为。令人震惊的是，大量的国际性调查统计研究成果表明，这个类型的孩子大约占了全世界青少年总数的百分之十五。

不过，只要我们想一想联合国儿童基金会的各种报告，这个结果也不能说是完全出乎意料。也就是说，全世界每六个孩子中就有一个生长在这样——甚至都不能算是对成长没有用的，简直是灾难性——的家庭中。

这样的孩子长大以后，会有极高的患上不同种类的人格障碍的风险，例如，一种被称作边缘性人格障碍的疾病。边缘性人格障碍患者的情绪都极其不稳定，甚至伴随自我伤害的行为以及故意破坏各种关系。

你还记得我是如何描述那些自我伤害的人为什么会有这样的行为方式的吗？现在我们都已经了解了，当一个婴儿在感到不安且得不到抚慰的时候会大声哭喊。即使是成年人也会面对这样的时刻：感到无助，必须应付一些非常棘手的事情，或者被某些事情压迫到绝望。即便如此，我们也都学习过在面对这类情况时如何放松并调试自己的情绪；而那些选择自我伤害的成年人却没有学习过这些。

负面情绪对这样的成年人产生伤害的程度与对一个婴儿时并无二致。

在一个追踪调查中，结果显示属于紊乱型依恋孩子的注意力比来自安全型依恋孩子的注意力要明显低得多，而且他们中的大多数人在十七岁时的智力水平仅仅与一般的九岁儿童相同。

　　幼小的孩子最好应该在一个与周围人稳定可固的关系中学习，因为只有这样他们大脑中的细胞才会兴奋地活跃起来，建立相互之间的依恋。不停地回忆曾经受到的伤害只能导致大脑释放让这些脑细胞各自为政、自相矛盾的信号，而这样的信号恰恰是会对学习能力造成损害的。

　　此外，属于紊乱型依恋的孩子们也没有能力换位替别人着想，比如说："在这种情况下，这个人会怎么想？"显而易见，这些人格上的问题会不可避免地又传递给下一代。因为最终建议一个安全-稳定型依恋的前提条件是孩子们的主要联系人能够理解什么事件会对孩子产生什么样的影响。那些属于不可靠联系型孩子们的母亲在哭喊的孩子面前，不会认为孩子们的需求是她们可以也必须解决的，而是孩子们这样哭喊只是为了惹她们生气。

　　我们生命早期的经历就是通过这样的形式深刻地影响着我们的内心档案，而内心档案反过来又影响着我们日后做出的决定。

　　理论上，安全-稳定型依恋者的内心档案会告诉人们：绝大多数的人都是好人。

　　焦虑-回避型依恋者的内心档案会告诉人们：其他人是指望不上的。

焦虑-对抗型依恋者的内心档案告诉人们：其他人的行为是不可预知的。

紊乱型依恋者的内心档案则告诉人们：其他人是具有威胁性的。

紊乱型依恋模式还有一个小分支，这个类型的内心档案告诉人们：其他人都是敌人，打他们。

早就有长期的观察结果可以证明，那些犯有刑事罪的人们自从他们幼年时期就严重缺乏关爱、安全感、支持以及被认可。

对紊乱型依恋模式的孩子们来说，这个世界既对其怀有敌意又不能被其掌控。这样的感受正来源于他们在幼年时期就不断经历的怀有敌意的与充满攻击性的对待方式。这样的早年经历导致他们成年以后的潜意识中缺乏一个能够安抚他人，冷静又有条理的母亲形象。这个母亲形象会在每一个充满危机的时刻挺身而出，并能够向周围的人传递令人平静的信息——虽然我们现在处于艰难的环境中，不过一切都会再次好起来的。你现在必须镇定下来。我建议，你也可以做几次深呼吸，出门散一圈步，或者使劲地打一通沙袋。

犯罪的人从很早的时候就把这个世界当作自己的敌人了。他们在自己的原生家庭中根本没有任何权力，他们也从来没有经历过能够在某些事情上具有影响力并能够为自己争取利益的事情。也是由于这个原因，学校中老师的警告对他们来说也完全没有作用。他们不会因为被警告而做出自身的改变；相反，他们只会将老师看成是这个充满敌意世界的一部分。这样的想法也解释了为什么他们会突然手持武器闯入学校滥杀无辜了。

调查显示，事实上，这类年轻的校园行凶者在学校中并不比其他的学生受到更频繁的排挤。他们只是将其他人的所有行为都看成是对自己的敌意，会产生这样的想法是由于他们早年的经历使得他们总是戴着有色眼镜来看待周围的一切。

谁要是在童年时期不可避免地反复经历那些让自己感到自身全无价值的事件，那么他们一定梦想着，有一天能够成为那些手中掌控权力的人们中的一员，他们可以对他人为所欲为、决定他人的生死，而自己却不会再受到他人的伤害。那些原来没有权力、期望通过提升自己的地位来获得巨大的权力的事情也常常发生在其他依恋类型的人身上，只不过这些通常都是以政治目标为动机的罪行。

谁要是从小到大除了暴力与被忽视以外没有体验过其他的相处方式，那么他也会一早就会选择加入势力强大的一边，这也应该是他在自己的生命中第一次体验从属感与休戚与共感。作为年轻人，他将把那个为他展现新世界观的地方当作休憩之所。而这个世界观就是：不仅只有你毫无价值，其他的人也一样。

一个属于安全－稳定型依恋的孩子从一会走路就开始越来越渴望脱离这个"基本状况"，去探索未知的新世界。因为他们知道当自己在外面的世界受到威胁时，随时都可以逃离回家。一个从未体验过安全－稳定型依恋的人在成年以后不但没有对外面的世界的好奇心，而且也不愿意开发自己的各项技能。

他们不但拒绝所有"外面"的人与"不可信"的人，而且还将所有自己不认识的或者令自己感到陌生的人与事物都当作是对自己的威胁。上文中我们提到过的典型问话："你看什么呢？"已经成为他们频繁使用的口头禅了。

这里我们要谈一谈在所有依恋模式中父亲这个角色所起到的作用。你肯定会这样想，父亲总是实施惩罚的那个人。

之所以直到现在我们才开始谈论父亲的角色，是因为一般来说孩子在幼年时期都是由母亲来照顾的，只有在可忽略不计的极少一部分的家庭中，是由父亲来充当这个主要照顾孩子的角色的。出于这个原因，做出一个科学性的统计结果对研究者们来说还缺乏大量的有说服力的数据。

在"陌生情境法"中，从理论上来讲孩子们与自己父亲之间依恋模式的分布状况与研究结果显示的总分布状况是相同的。在主要依恋对象是父亲的情况下，绝大多数的孩子也属于安全－稳定型依恋。

　　由于绝大多数情况下孩子的主要依恋对象都是母亲，所以对于父亲为主要联系人的情况相较于一般情况又略有不同。在与孩子的相处中，母亲们注意的多是细微的情感需求，而对父亲们来说，被研究人员命名为"父亲的游乐细微情感"则更为重要。用通俗易懂的话来说就是：母亲为安全感负责，而父亲为新鲜感负责。也可以说是内务部长与外交部部长之间的区别。

　　对人类来说，当我们开始对身边的世界感兴趣时，最晚也不会超过我们有能力挣脱母亲的怀抱，独自摇晃前行时。对身边世界的好奇心是天然生长在人类血液中的。正是这种好奇心促使我们完善自我，以便在日后能够通过研发新的医疗设备或者设计新的服装款式等让这个世界变得更加美好。

　　在很多人的理解中，人类的天性本就是懒惰，只有通过规矩、意志力与规律性的提醒才能不断地前进并创造价值。（正如我们现在所知，这是一种有趣的想法。）基于这个假设，总是有患者到我这里来问诊，并抱怨他们自己的懒惰。事实却并非如此，懒惰并非人类的天性。父母们很少抱怨自己的孩子早上起不来床这个现象。但是当孩子们再长大一些，进入青春期以后，星期天的早上起不来床这个现象却被父母反复抱怨。

　　这个现象产生的原因其实是这样的：从晚上到夜间长时间地玩耍，致使孩子们的昼夜作息颠倒。而父母们却将这种现象归结为孩子们天生的惰性。这就大错特错了。很多孩子天然的好奇心在很早就被人为地抹杀了。我想再提一次我在有轨电车上的两次不同的经历。一位母亲鼓励她孩子的好奇心，并且还给予新的信息。与之相反，另一位母亲则漠视自己孩子的好奇心，只专注于自己手中的事情。

　　让我们来粗略地估算一下，假如孩子们每天二十四小时被如此不同的方式所对待，你尽可以想象，八年以后，这些孩子会对这个世界怀有多么迥异的兴趣，又会将各自的生活过成多么迥异的样子。而上述事例只是千千万万种抹杀孩子好奇心可能性中的一种。

　　另外一种可能性是由过于小心谨慎的母亲造成的。她们会对自己孩子独立踏入这个社会（远离母亲）的每一步给予各种各样的警告。又或者对孩子满怀关爱的父亲会认为，他们的做法只会害了孩子，也许他们没有能力像母亲们一样将孩子用棉花一层一层仔细地包裹起来，保护好。有上述想法的父亲都会受到心理学家的批评。在心理学家看来，让孩子们独立面对一些一定程度上的危险情况，对他们来说是有必要的。因为通过这样的方法，孩子们能够对日后的危害更好地进行独立评估，并能够通过自我调节减轻心中的恐惧。

　　假如我试图了解我患者的父母在他们的孩子面对恐惧时是

如何处理的，我就会提出地下室的问题。

虽然并非所有的孩子，但是他们中的大多数都害怕一个人去地下室。对于孩子们的这种恐惧——对于其他别的恐惧也是一样——不同的父母处理的方法也不尽相同。

有的父母们可能会说："别自己吓唬自己。现在你赶快下去。"（大多数这一类的父母自身都比较缺乏引导别人的能力，而且他们教育孩子的方式多多少少都是潜意识在重复自己父亲的教育方式。）

有的父母们可能会说："不用了，我的宝贝。如果你觉得害怕，那你就不用下去。"（大多数这一类的父母自身也都比较缺乏引导别人的能力，而且不知道从什么时候开始，或多或少是有意识地决定，完全用异于自己父母的方法教育孩子。当然，这样的决定也导致了新错误的产生。）

还有的父母们可能会说："来，咱们一起下去。让咱们一起到地下室里好好看看。然后我会站在楼梯一半高的地方，你可以再自己一个人下去一次。不过我保证会站在那里，哪里也不去。这一点你可以相信我。"（无须多言，这种处理方式自然是最完美的。）

绝大多数人都能理解并同意父母们的第三种处理方式是最好的。心理学家们也同样如此认为。他们的理论就是，人类战胜恐惧最好的办法莫过于能将自己从这种不安的、充满未知挑战的情景中剥离出来。只有通过这样的办法,人们才会随着经验不断地累计,做到心中有数,知道什么是可以信任的,什么最好尽早放手。谁要是什么都没有尝试过,那么对他来说,一切都是危险的,即便是那些能给人带来巨大乐趣的事情。谁要是被强迫忽略自己内心关于危险警告的声音,那么结果要么是失去与自己内心的联系,将自己置于不必要的危险境地;要么就是在某些对成年人来说司空见惯的情景前怀有幼稚的恐惧。

父母们当然有责任保护自己的孩子,但同时他们也有责任给孩子们勇气,让他们能面对眼前的挑战,而不是给孩子们方方面面无微不至的庇护,为他们清除成长道路上的每一个小石子。

安全-稳定型依恋的孩子们拥有更强大的自信心。他们在与朋友以及日后与生活伴侣的相处中也更加游刃有余。如果说孩子父亲的责任在照顾孩子之余还能教给他们认识外面世界的精彩与美好,那么也就不奇怪,为什么在对那些刑事犯人的统计调查结果中,父亲在他们的生活中要么处于缺失的状态,要么就是对自己的孩子不闻不问。在父亲缺失的成长中,相较于女孩子们,男孩子们更容易陷入焦虑型依恋模式。

为了避免误解,我必须郑重声明:父母中的一方当然能够在独立抚养孩子的情况下与孩子建立安全稳定的依恋。实现这个目标的前提就是这位独立抚养孩子的父亲或者母亲既能够为孩子提供安全感，又能够引领他们发展对这个世界的好奇心。危险的是——甚至危险系数相当高的是——当一位父亲独自抚养一个男孩子的时候，大多数的情况下，两个人会形成焦虑型的依恋，而在这种情况下母亲的缺席则导致了没有母子间的关系可以形成缓冲。

还有另一种误解，我也想提前声明，那就是：上面文章讲述的内容并非为罪犯开脱。因为当我听到如下的信息时，也会感到不可忍受：一个罪犯为自己能够重获自由而兴奋。他也许还会跟自己的亲朋好友一起庆祝重获自由的时刻，并相信通过认罪服刑或者亲朋好友对其（更多的情况是后者）长达一生的忍耐，他所犯下的罪行就可以一笔勾销了。这种做法与想法在我看来也是错误与不公平的。

对这样的问题我也没有好的解决方法。父母们只有在孩子还年幼的时候，就做出更多更大的努力，以便他们的心理不会在幼小的时候就被扭曲，否则在他们成年以后就会致使其他人受到严重的伤害，甚至被他们所杀。

现在你肯定想先休息一会儿，给你的潜意识一个喘息的机会来思考，该如何处理你阅读本书时形成的过往经历。

　　我向你保证：本书后面章节里的内容将重新回归轻松。在接下来的旅途中，你会看到车窗外迷人的风景。

　　特别是我们不仅将看到我们该如何整理归类自己的内心档案，而且还能学习到在面对困境的时候，如何能对其他人起到积极的辅助作用——即使是对那些与我们只有一面之缘的孩子们——引导他们将有用的经验存放入他们内心的档案中。

第四章

解脱

"第十二位仙女"

　　睡美人的父母邀请仙女们参加女儿的洗礼，跟所有童话中国王的儿女们一样，受邀的仙女们也应该为睡美人带来美好的祝福：美貌、财富以及所有令人羡慕的事物。遗憾的是，这位国王只有十二个金盘子，而在他的王国里却住着十三位仙女。除了这个原因以外，人们还觉得十三是一个不吉利的数字，所以就没有邀请第十三位仙女。

　　当十一位仙女都为小公主送出祝福以后，第十三位仙女出现了。由于未被邀请，她愤怒地诅咒小公主在十五岁生日那天被纺锤刺破手指，然后死去。而还没有给小公主送出祝福的第十二位仙女，虽然没有能力解除这个诅咒，却可以减弱它的威力。她可以保证睡美人在被刺破手指以后不会死去，而是与整座城堡中的人们一起昏睡一百年。

能够在安全型依恋中长大是如此幸运，当人们仔细反思时，会发现这个幸运的分配方式又是如此随机与不公平。而正是那些不幸没有在安全型依恋中长大的人才怀有被解救的希望。许多人在孩提时代就知道，在他们的生命中曾有过这样一个"第十二位仙女"。这位"仙女"正如童话《睡美人》中的仙女一样，虽然不能解除他们生命中如被"诅咒"一样出现的事情，但是却可以减弱这些事情对他们的影响力。

这位"仙女"可能是以姨母或者叔父的形象出现，也可能是以祖父或者祖母的形象出现，还可能是以社会工作者或者某位同学母亲的形象出现，有时候甚至只是自己的哥哥或者姐姐。他们都能够尽早地给这些不幸的孩子长者的忠告。

即使这些人并不能随时陪伴在这些不幸孩子的左右，甚至极少在他们的生活中出现，但是他们依然可以传达这样的信息：你现在的样子是完全正常的，你的感受也是合情合理的。外面还有另一个世界，与你必须每天生活于其中的完全不同。不要放弃希望，坚持学习，一定会有所回报的，因为你最终会离开你父母的家，独自进入那个完全不同的世界，开始自己的新生活。

在这些不幸孩子们的生命中只要有一位这样的人存在，就会大大降低他们日后患上心理疾病的概率。依恋模型研究者将这种情况称作延伸的安全型依恋。当这些孩子从一个家庭以外的成员那里得到理解与帮助的时候，延伸性的安全型依恋就建立了。

事实上，在许多来自焦虑型依恋，甚至是紊乱型依恋的患者中，他们的生活中是否曾出现过这样一个人，对他们如何回答我的问题："在你的童年中是否有人让你觉得自己是一个独立的有价值的人呢？"起了至关重要的作用。

遗憾的是，的确也存在这样的人。他们在自己的经历中根本找不出这样一位救助者。我们已经看到，在安全的联系中学习如何处理自己的情感并且以学习结果为前提向其他人描述自己感情的能力是多么重要。

事实告诉我们，属于安全型依恋的成年人比那些从未体验过安全型依恋的成年人成功得多。更不要说，能够准确描述自己的感受，而并非被其所控制，这是成年人以成熟的方式对待自己情感的方式。

不论人们在什么时候遇到"第十二位仙女"都没有关系：她们总是带着相同的特征，那就是依恋模型研究者们所定义的好的依恋模式必须具备的特征。即使是成年人也可能遇到这样的"第十二位仙女"。他（她）可以是一个值得信赖的好朋友，可以是一个充满爱心的生活伴侣，还可以是婚姻伴侣的家庭。

在这样的家庭中，人们可以体验早年在自己原生家庭中未能体验到的经历。成年人甚至可以通过信赖充满理解的、智慧的心理咨询疗程来自己选择自己的"第十二位仙女"。

当然，有一个事实也变得清晰：人们越是能够尽早地遇到"第十二位仙女"，对他们就越有好处。下面就让我们一起来看一看，我们都可以找到哪些早期的帮助，以及它们都是以哪种形式存在的。

很长时间以来，"国家统治不得影响家庭"已经成为基本法。该法律条文形成的原因的确是有其历史原因的。在第三帝国时代（以及其后持续的一段时间内），父母们必须经历学校以及其他青少年组织离间他们与自己子女的关系。其目的就是第三帝国为了自己的利益，滥用青少年的热情，让他们为了国家去送死。毕竟事实越来越清晰地向我们展示，父母应该有自己教育自己孩子的自由。只有当他们有伤害自己孩子倾向的时候，国家才被允许进行直接干涉。这并非单纯的保护孩子的行为，而更加是对父母在犯下更大的错误前进行保护。

也有极端的情况，就是援助方根本无法将孩子从他们父母的身边带离。经验告诉我们，每当这样的情况发生时，这些父母会与他们孩子的关系更加疏远，因为他们认为这一切的责任都该由孩子或者青少年求助中心承担，与自己的行为无关。

　　将教子无方的父母未能完成的责任推到他们孩子的身上，让孩子为其父母承受"惩罚"，我从来也不认为这是令人满意的解决问题的方法。因为如果这样的话，那么孩子与自己的父母建立依恋的需求就被切断了。在无数电视节目中都有被收养的孩子寻找自己亲生父母的情节，即使他们在成长过程中从收养家庭里得到了足够的爱与安全。

　　在一些国家中，早就有婴儿收养站的传统，人们可以将弃婴送到那里。但很多人却在竭尽全力组织并呼吁：取消婴儿收养站。因为他们认为，不知道自己亲生父母是谁对任何人来说都是一件无法忍受的事情。即使人们从未认识过自己的父母，并且知道自己是被亲生父母遗弃的，也会有寻找他们取得联系的愿望。

　　不。人类依恋模式研究者的设想则完全与之相反。并非将其当作控制、惩罚或者专横武断地评判，他们的设想是不应该等到孩子掉到井里以后才考虑施救的方法，而是从一开始就应该防止他们掉进去。

　　因为他们知道，这个责任必须由父母来承担。我每天都要重复经历的事实就是：假如我患者的上一代没有出现问题，那么他们一个都不必来向我问诊。我经常需要做的事情就是与我的患者一起谈论他们父母的过去。那些从未解决的问题，家族中的秘密，有时甚至会是他们父母的心理疾病，总之，是那些从未有人与他们谈及的事情。

大多数情况下，我的患者们都会说，我知道那时候有什么事情发生，可是我并不确定到底是什么事情，也从来没有人谈论过这件事情。

换句话说就是：被一个连自己的精神世界都混乱不堪的人教育大的孩子极有可能也不会茁壮健康地成长。该情况会导致未被解决的问题或者不利于成长的依恋模式传递给下一代。在这里，我也要澄清可能产生的误解：并非只有那些生活得一帆风顺的人才可以生育下一代。我想表达的意思是，为人父母者应该多多少少地了解他们自己，他们应该知道对自己与自己的孩子来说哪里可能会潜藏着危机，并且知道他们应该如何有效地应对这些问题。

谁要是在安全型依恋中长大，那么他一定不需要特别的帮助就能够成为优秀的父亲或者母亲。而其他的人应该明白，倘若他们想在教育子女方面与自己父母完全不同或者比自己的父母做得更好的话，那么对他们来说这将不是一个容易的任务。

我们是想构建一个心理学家或者心理咨询师的一言堂吗？那些没有被心理学家与心理咨询师颁发父母执照的人不应该有自己的孩子吗？

　　心理咨询师在结束一天的工作后绝对曾想过这一问题。特别是那天他们又承担了"第十二位仙女"的工作，面对许多痛苦只能缓和而不能阻止。

　　虽然如此，我认识的心理咨询师中却没有一个真正抱有这样的想法。对我们来说，心理咨询既非缺陷也非污点。事实上，我们所有人的观点都相同，那就是，更多的人在他们将新生命带到这个世界上以前，应该努力让自己变得更成熟些。至少他们应该练习为自己以及他人承担责任，并且知道如何控制自己冲动的情绪。

　　正如我们已经了解到的，出于好意的想法在这里并没有实际的用途。取而代之的是，我们必须将早年存入自己潜意识中错误的或者是对我们没有什么帮助的记忆进行整理。一次高质量的心理咨询绝对是一个不错的选择。

　　虽然我们并不确切地知道，我们该如何安置那些需要心理咨询的患者，以及那些能够从心理咨询中获益的人们，但是这并不是不可解决的问题，我们是有办法的。我们可以在政策上做出些许改变，允许有更多的持照行医的心理咨询师及诊所存在，以修正早年在政策上被低估的需求。正如幼儿园教师职位数量的问题一样，最终人们还是意识到了，多设置一些幼儿园老师的职位毕竟对哪一方都是利大于弊的。于是政策便允许更多的幼儿园教师持证上岗。

更好的情况就是，能够尽早地确定：哪些父母能通过心理咨询获益。

在孩子出生后的几个月内，有一些需要母亲与孩子共同完成的游戏，用来改善问题家庭中的母子关系。开始主要是在美国，不过现在在德国也流行起来了。到问题家庭中帮助这些母子的人大多数都是家庭助产师以及儿童护理师。这些母亲或者父母在训练中所取得的成绩是非常振奋人心的——特别是从长远的影响来看。

这项帮助的确要趁早实施，因为其重要性已经被证实，孩子在一岁半以前就必须接受该帮助。因为在孩子一岁半以后，至少是涉及细腻情感训练以及改变父母与孩子之间依恋模式的帮助将不再能发挥其重要作用。

需要解决的问题是，准确地找出哪些家庭需要这些帮助，哪些并不需要。因为我们并没有太多等待的时间。

帮助年纪大些的孩子时经常会出现一种困难，就是说服他们的父母寻求帮助。当幼儿教导员向行为怪异的孩子们的母亲建议带孩子去进行心理咨询时，一方面，母亲与孩子就会明白他们是与众不同的；另一方面，是否接受建议的主动权始终是掌握在父母们的手中的。在这种情况下，更有用的方法自然是让幼儿教导员到这些家庭中去。

话说回来，这样的帮助一方面受到时间的限制，另一方面又受限于那些父母们是否已经做好接受帮助的准备。

我自己就有许多这类的女性患者，她们总是向我抱怨自己"不好相处"的孩子。可是当涉及接受上述的联系修复帮助时，任凭我磨破嘴皮，她们也仍旧无动于衷。无须多言，这种反应的原因非常明确：第一，接受这样的帮助让她们感到羞耻；第二，她们也害怕青少年帮助中心会以此为借口将孩子从她们的身边带走。

当必须眼睁睁地看着这样的生活是如何将许多人同时拉进泥潭，而自己却无能为力时，那种无力感是巨大的、令人悲伤的。尽管如此，这项救助还是要艰难地坚持下去。

倘若我们以严肃认真的态度去实施救助这项计划，那么我们必须着重帮助那些完全值得同情的、自己没有反抗能力的幼小的孩子们。他们还不会走路与说话；是的，他们甚至在日后记不起在自己身上发生了什么，或者是恰恰在自己的身上没有发生什么。

我个人认为，下述想法让人不能忍受：错过最有价值的时间也没有什么关系，反正孩子们还可以由"第十二位仙女"帮助并保护，"仙女"可以修正犯下的错误。然而，事实上，假如人们足够关心这些孩子们，那么这些错误就可以在早期被避免。

倘若我们的社会达成共识，即便是在孩子们显示出心理问题时，我们依旧有足够的时间对他们施以援手。这项试验是建立在社会风险上的。这个试验必须经过认真的考虑，从伦理学的角度上来讲，完成它需要我们付出巨大的代价。即使仅仅是由于长期承受压力的孩子在成年后有更大的患上心理疾病的概率，我们就必须看到尽早施以援手的意义。

幸运的是，绝大多数的家庭并不需要这一类的帮助。虽然我们能够界定在什么样的条件下以及处在哪些阶层的家庭里出现父母与幼儿相处问题的可能性概率更大，但是假使我们仅仅依据这个粗略的估计就将某个救助计划在所有这样的家庭中实施，这样的行为是否剥夺了某些家庭的独立行为能力呢？这是一个值得思考的问题。

让我们回到旧观点上来。就是有那么一些孩子，只要给他们多竖立一些规矩，他们就能够变成联邦总理或者德国三十强企业的领导者。或者我们开展自己的想象力，给这个问题赋予哲学层面的意义，然后思考对这些孩子更有实际帮助作用的方法，以便能够让他们在人生中抓住自己应得的机会。

不论他们来自哪一个社会阶层，不论他们的智商高低，也不论他们的身体健康状况如何，有着幸福快乐童年的孩子比没有幸福快乐童年的孩子在成年以后的收入明显要高得多。

这可不是一个简单的投入及收益的计算，这是一个关于公正的问题。

毋庸置疑，在"第十二位仙女"的问题上，幼儿教师以及学校里老师给孩子们的帮助，在平衡家庭对他们的伤害上所起到的作用不该被我们遗忘。

我们也不应该低估孩子们从我们这里得到的每一份帮助对他们的人生所起到的巨大的正面作用。即便那样的帮助仅仅出现过一次。

一个年轻的男孩子曾经给我讲述过一段对他来说意义非凡的经历。在他六岁的时候，曾经与父母一起参加一个体育活动。他已经不记得事情是如何开始的了，反正他已经把他的父亲激怒到威胁着要痛揍他。不但如此，他的父亲甚至已经将他牢牢地抓在手里了。而他们旁边站着的一个人走上前来对他的父亲说，他不能忍受在自己的面前发生孩子被打的事件。

出于这个原因，他的父亲又将他带到一个远离人群的角落，准备在那里打他。而在那个角落里又有一位陌生人制止了他父亲的行为，甚至在他们换到第三个地方的时候，他父亲的行为再一次被第三个陌生人制止了。

这个年轻人明白了，至少在父亲要痛揍他的那一天——行为乖戾的不是我自己，而是我的父母。

毫无疑问，当人们看到孩子被虐待时，就应当上前制止。在某些情况下，假如你未对该行为进行制止，那么在法律上，你会受到相应的惩罚。如果仅仅是在街上看到成年人对孩子大声说话，实在是不容易判断他们到底是一般情况下和蔼可亲的父母或者祖父母偶尔失去了耐心，还是根本就是长年累月用自己怪异的行为将正常的孩子塑造成一个多多少少有心理疾病的成年人的家长。

遇到家长打孩子的情况必须要制止。即便是模范父母，也几乎都承认过，他们在极端情况下打过自己的孩子。虽然对打孩子这一行为已经有法律上的惩罚手段，但是这并不能改变打孩子一直是一种极为失败的教育手段。其中一些父母会试图为这种行为辩解。他们询问，是否能够在没有"偶尔敲打两下"或者"手不听话地滑了那么一下"的情况下教育好孩子。只是这些都不过是美化并掩饰自己的行为的说法罢了。

当然，我们不能将对待孩子的方式与对待成年人的方式相提并论。尽管如此，我还是一次又一次地被成年人对待孩子的方式以及孩子对待孩子的方式所震惊。那些经由法庭处理的案件，那些被施以严厉刑罚的案件，都有成年人的参与。假如一个人的领导只因为自己处在压力之下就时不时地痛打下属一顿，难道他不会辞掉工作吗？假如一个人总是在上班的路上被袭击，或者手机、手表一类的物品总是被偷窃，难道他不会搬家吗？假如一个人的同事总是叫他"恶心的猪"，难道他不会去企业职工委员会申诉吗？

虽然我们都知道这样做对孩子们不好，但我们还是倾向于对孩子们做出这些行为。不仅如此，我们还认为这种行为造成的严重后果不同于对成年人造成的——就仿佛该惩罚是以受罚者的身高为标准而设置的。

假如我们在街上看到一个成年人被另一个成年人殴打，那么，我们一定会毫不犹豫地立刻报警。当我们看到一个孩子被一个成年人殴打的时候，难道我们应该先考虑一下吗？每一个心理学家都能向你书面保证，任何一个心理健康的成年人在面对上述情况的时候，都有可能选择回避。而对孩子们来说，这恰恰正是灾难。

所以说：是的，当然应该采取措施。不是因为通过这样的干涉，父母们就能够改善自己的行为。每一个人——除了患有严重绝望心理疾病的人——都能在批评面前按下自我保护的按钮。出于这个原因，你得到一个可以称为人身攻击（由于不成熟）的回答的概率非常之大。

最常见的回答是："你根本就不知道，他刚才是多么无理取闹！"在一次葡萄酒会上，我就得到了这个回答。当时，一位母亲与她八岁的儿子坐在我邻桌的位子上。这位母亲跟她的朋友聊天，聊了超过一个小时。她的儿子则一直乖乖地坐在一旁，坐了超过一个小时。可以想象，那个男孩子慢慢地开始感到无聊，开始坐在椅子上前前后后地晃自己的腿。

当这位母亲因此而打了那个男孩子一个耳光以后，我谨慎地向她表达了对该行为的看法，而我得到的回答就是你刚刚看到的那句话。

你也有可能被反问，你自己是否有孩子。倘若你自己没有孩子的话，那么我向你推荐这个回答："我自己曾经就是一个孩子。"根据情况，你还可以选择加上这一句："很明显，你从来也不是一个孩子。"并不是说，你这样的行为能够起到什么实质意义上的作用，至少它改变不了那些打孩子的父母们对自己行为的理解。

我制止这些父母的行为——至少在我看来——只有一次起作用了。我跟我的先生常常到我们家附近的一家小餐厅吃饭。一位父亲与他十一二岁的儿子也是那家餐厅的常客。餐厅中的工作人员曾经多次向我抱怨，那位父亲一刻也不停地批评孩子的方式是多么令人难以忍受。

有一次，我们就坐在这对父子的邻桌，从而得以亲耳听到这位父亲是如何对待自己儿子的。他跟儿子说话的方式就如同一个醉汉，他恣意地辱骂，以求得他人的反攻，进而发生争吵。而他的儿子的行为方式则比其父亲更为成熟。

那天，他儿子在餐馆中一直低头玩着他的智能手机，当然这也是可以理解的，他必须想办法从如此"友好"的关系中解脱出来。对儿子的这一行为，父亲评论道："那手机里面都是什么人？估计都是一堆蠢货，你跟他们一样，也是一个蠢货。"

这样的行为一直没有停歇。看起来，这个父亲并不知道其他的与儿子相处的方式。我知道，假如我用通常的方式来表达我的观点并制止这位父亲的行为，我只能得到你在上文中看到的回答。

于是，我对这位父亲说道："我知道，你的父亲是个混蛋。但是我也认为，你将自己当年所经历的一切在你自己儿子的身上重演，是可以得到原谅的。"

我当然不知道他父亲当年是怎么对待他的。不过我相信人类依恋模型研究者所提出的理论，父母与孩子之间的依恋模式是会代代相传的。

在我说完以后，这位父亲的反应是完全迷惑的。他回答道："对，你说得没错。他的确是个彻头彻尾的混蛋。他甚至还常常打我。"

不，我并不相信这位父亲能够就此完全改变自己对待孩子的方式。结果是他们再也没有出现在那家餐厅里。但是我希望，那个儿子还能够经常从其他人那里得知，他自己并没有变成一个行为怪异的人，就像他的父亲一直对他灌输的那样。

干涉父母的上述行为并不是重点所在，重点是孩子。孩子们必须清楚地知道：这个世界并不是我的敌人。

即使"第十二位仙女"在孩子已经掉进深井中以后才出现，改变的希望也还依然存在。比如预防暴力互助网络会帮助那些在主观意识形态上有暴力倾向的年轻人。该组织的工作结果也显示，通过可靠的依恋为这些孩子提供的帮助最大。该组织还负责防止被救助的孩子再犯相同的错误，而他们的工作成绩也将再犯概率从百分之四十三减少到百分之十三。

显然，早期的惩罚或者恐吓起到的更多是与期望相反的作用。也不必对这样的结果大惊小怪，因为我们知道，只有在人们成年后，批评才能起到正面的作用。在此以前，我们只有在没有恐惧的环境下才能达到最好的学习效果。

另一项研究也证明了上述结论，只是该研究的结果给人的第一印象比较奇怪。研究者们认为，当年轻人陷于危机或者误入歧途的时候，需要尽早得到带有威力的警告。而事实向我们显示，在青少年时期被警察警告过的人，在成年以后，犯罪的可能性反而升高了。从我们一生都有的与他人建立依恋需求的角度来看，这样的警告对年轻人日夜不停工作的潜意识来说，何尝不具备这样的意义呢："好的。谢谢你的警告。现在我知道我到底属于哪一类人群了。"

事实上，这些年轻人与犯罪分子相处的时间的确变得更长，而不是更短。警告他们的警察——如前文中提到的警告学生的教师一样——会被这些年轻人看成是本来就充满敌意的世界里的一些特别充满敌意的人。这样的想法导致的结果就是他们想在错误的方向寻找自己的朋友与救助者。

盘点"内心的档案"

你如何能确定自己是否能够放心依靠大脑中的助手以及它们给你的建议有多大的可能性是有益的而非有害的呢？既然我们并不清楚，那么让我们对自己内心的档案稍做整理，丢弃一些旧东西，换置一些新东西。对于这样的情况来说，一个彻底的盘点对我们是非常有好处的。

因为在某些情况下，人们并没有太多的时间考虑应该如何反应。在这样的时刻，人们必须信任可靠的潜意识，并能够在多种可能的反应中知道该选择哪一种：是选择换到马路的另一边走，还是直接选择一拳挥到那个人的脸上。

这样的盘点可以帮助人们在很多方面认清自己，比如说，人们能够发现自己到底是否属于那些偶尔喝一杯葡萄酒而不会有其他问题出现的类型，还是最好根本一滴也不要碰。酒精本身并不会让人们变得具有攻击性。谁要是感觉自己被不公正对待的话，那么他会在酒精的辅助下变得具有攻击性。

你越是觉得整个世界都对你充满敌意，那你就越是应该远离酒精。除此以外，这个规则也适合一些平时头脑清醒的人。我的一位朋友曾经历过这样的痛苦，那个时候，命运的确给了她重重的一击（一方面，她的男朋友将她抛弃了；另一方面，她的一个非常好的朋友撒手人寰了），在酒精的作用下，她占领了一辆巡逻警车，只为了释放自己对丑恶世界的愤怒。

如果你真的需要将自己的痛苦借酒精释放的话，那么请你一定要带上能够在酒后依旧能照顾你的朋友，他们同时能够监督你不会在酒后做出什么让人后悔的事情来。

一个非常好的整理内心档案的理由就是，你可以清楚地了解到自己的大脑中有一个潜意识。这里包括所有我向你介绍的最新的大脑研究结果。通过整理内心的档案，你也可以明白，所有你产生的幻想、点子、建议以及大脑中那些一闪而过的想法都是有它们潜意识的来源的。它们要么来自本能的部分，要么来自个人的经验积累。

你很可能是属于早年拥有安全－稳定型依恋经历的那一类人——那么恭喜你了。基于这样的经历，你拥有一个顶级内心工作团队，你可以放心地依赖它们为你提出的建议。

　　倘若你并不属于这一类人，那么更进一层深入到你自己的内心档案，并对其进行整理就更加必要了。整理内心的档案并不是为了在最后能够总结：好吧，我不属于那些幸运的拥有安全－稳定型依恋经验的人。我们都知道，人类的潜意识可不是这么轻易就能够被欺骗的。因为它不仅比我们强大、聪明，还比我们快得多。当我们的潜意识中有什么变化发生的时候，其效果简直能够与地球上的大陆板块迁移相提并论——就像我已经提到过的一样，我们大脑工作的基础是充满不同的可能性的。

　　当我们在自己最喜爱的小酒馆中看到一个坐着的外星人时，我们大脑中的第一个反应就是，那是一个装扮成外星人的人类。倘若这个外星人在解剖学上不能符合人类的标准，那么我们会自行想象出一幅精确的全息图像。正是由于我们并没有从电视或者广播中听到外星人在地球上着陆的消息，所以对我们来说，上述这些可能性都比一个真正的外星人出现在地球上的小酒馆里显得更加可信。

　　假如我们在早年的生活中学习到的经验是自己与他人都不可信的话，那么让我们做出改变，相信在这个世界上还是有很多善良友好的人，则需要非常长的时间。特别是在各种网络论坛上，我们总是能够看到那些认为大多数人以及政客（或者在我看来，还有心理咨询师）都坏到家的人。对于这样的现象，根本无须人类联系专家的解释，谁都能看得出来，这些人的想法固执又偏执。

对了，要防止如下的狡辩出现：那些来自安全－稳定型依恋的人很可能头脑简单、想法天真，只会阿谀逢迎。不，他们不是这样的。这些人同样知道，在这个世界上，有些事情的发展并非如人们所愿。恰好正是由于他们从自己以往的经历中能够认识到自己的价值，所以他们并不会单方面地要求他人对自己的信任，而是尝试从改变自己做起，比如说，他们就不会让其他人成为自己暴力发泄的牺牲品。

假如你在早年没有过太多的经历，那么在你看来，新的美好的经历可能更多的是例外，它们并不能改变你的世界观。可是，如果美好的经历能够不断地重复，那么在某个时候，你一定会将类似的经历当作一种日常的现象，相信它们与你曾经的痛苦经历同样不是例外。不过在这种情况下，的确需要许多改变，以便这些美好的经历在你内心的档案中赢得绝对的优势。

倘若你想了解在上述情况中你的生活是怎样的，那么请你问自己下面的几个问题：

◎我能感觉到自己被自己的母亲所爱吗？她总是支持我吗？

◎我能够信任自己的母亲吗？

◎我能感觉到自己被自己的父亲所爱吗？他总是支持我吗？

◎我能够信任自己的父亲吗？

◎对你来说，有其他的人承担上述任务吗？

假如你不能肯定地回答上述问题，那么对于你的潜意识凭借本能给你提供的建议，你一定要高度警惕，因为那会直接影响到你的健康。想知道在你身边是否有这样的人，你可以偶尔向他们提出下列问题，并肯定能够得到有价值的回答：

◎现在他们都对我做了什么？

◎他们到底对这件事情有什么样的估计？

当你不知道该如何继续，某些问题也很难从生活中摆脱的时候，你可以通过反问自己下面的问题拓宽自己的眼界：

◎我在家中的时候积累过哪些有关于这个问题的经验？

◎我积累的那些经验对我有帮助吗？还是它们的作用更多的是摧毁我的自信？

不需要任何原因，这些经验会在没有被检验的情况下被下一代完完整整地继承。要打破这个代代相传的链条，只有通过我们自己有意识地去做。

比如说，一些人虽然有着不错的固定收入，可是他们还是身负重债。购买一座属于自己的房子是他们一生的目标，也曾是他们父母一生的目标。他们的父母无论如何都要拥有一座属于自己的房子是有其不自知的原因的。

　　我的大多数这类患者来自流亡或者外来迁入的家庭。一座属于自己的房子对于他们来说代表着属于自己的土地，属于自己的栖息之所。对于他们来说有着重大的意义：现在我们在这里扎下根了，我们属于这里。

　　他们的后代毫无条件地继承了这个生活信条，一次也没有反思过此信条是否也适合自己的现实生活，又或者自己应该为自己的人生设定其他的目标。这些孩子在他们生命的早期就自动地将自己的潜意识与他们父母联系在了一起——一个成功的人必须拥有一套属于自己的房子，并且将其根植于自己内心深处。

　　毋庸置疑，你也从你的父母那里继承了一些想法。正是由于这些想法未经允许便在你的潜意识中驻扎下来，并时不时影响你做出的决定，才会让你的生活时不时地变得艰难。

　　若是尝试将潜意识——特别是总是做出为难我们自己决定的那一部分——调教成只为我们所用并不是一件容易的事情。否则的话，它也就不是我们的潜意识了，不是吗？所以，现在我们还得聊一聊心理学——这也正是我的职业。

　　在我了解到许多大脑研究者与人类依恋模型研究者的研究成果之后，在这里我想强调一下，心理咨询能够为那些在生命的早期没有体验过良好联系经历的人提供哪些帮助。

　　你一定早就知道，心理治疗有很多种治疗的流派，尽管只有其中的三种流派能够在医疗保险的范围内报销。其中的一种心理治疗方法完全是基于词语学习的。心理咨询师仅仅是通过教给患者们表达自己内心感觉的词汇，以便他们在需要的时候能够准确地表达自己，就取得了巨大的成功。

有关于此的心理治疗所起到的作用都是相同的，就是弥补一个未曾有过的安全稳定的联系对人们所产生的影响，也就是：对自己价值的肯定、对其他人的信任、细腻的感觉以及表达自己细腻感觉的能力。

人类依恋模型研究者的观点也可以用在心理治疗上，因为该治疗就是为那些未曾体验过安全－稳定型依恋的人提供——至少是部分地提供——填补上此类经历的机会，而后再用新经历的依恋模式替代以前经历的依恋模式。

正如已经被验证过的心理治疗能够改变人类大脑一样，心理治疗同样也能够改变人类依恋模式的体验。通过这样的改变，我们也能改变自己的世界观，以及对自己本身价值的认知。描述自己感觉的能力使得我们能够严肃地正视自己的感觉，这样也就使得我们注意到自己的行为方式并积极地改变它们。正如一位感情细腻的母亲与自己的孩子建立的安全－稳定型依恋一样，患者与感情细腻的心理咨询师建立这种依恋。所有有关该方面的研究结果都显示，这是最为有效的治疗方法。

在该治疗过程中，患者们能够——也许是第一次——经历在某种依恋模式中自己的重要性以及是有价值的体验。由于已经提到过的原因，旧的经验并不那么容易就能被新的经验所替代，整个过程平均需要一年半到两年的时间才能完成。而对个别患者，尤其是属于紊乱型依恋的患者，则有可能需要心理咨询师相当长的时间的陪伴才能达到相同的效果。

你可能还是怀疑改变是否真的会发生。当然了，就像是如果人们不喜欢自己的头上长满金发，那么就可以将它们部分挑染成棕色，然而新长出来的头发却永远都是金色的，尽管周围的人从来没有注意到这满头的金发全都是自然生长出来的。在涉及人们心理的方面也是类似的原理。我们自身的特质，尤其是我们不喜欢的那些，很难甚至根本不可能被完全人为地抹去。但是我们可以学习该如何对待自己身上不被喜欢的部分，就像对待不被我们喜爱的发色一样。

不仅仅是在青少年时代成为暴力的牺牲品以及被虐待的对象令许多心理患者感觉自己的人生被糟蹋了，他们的亲生父母对待他们的方式令他们不断地反问：我这个由两个"人渣"生出来的孩子，怎么可能变成好人呢？

对于此类患者，下面的设想可以帮助他们安抚自己：父母在出生的时候也并非如现在所表现的那样心理扭曲。那个时候的父母一定也是具有充满爱心、坚强以及满脑子奇思妙想的能力的。我总是尝试向我们的患者们解释，他们从父母处受到的影响在某些条件下对他们也是有益的，而且他们从自己父母身上继承来的特点并不会被打上"恶毒"的烙印。

哪些性格特征是我们在变成受精卵的那一刻就注定拥有的，哪些性格特征又是我们后天形成的，关于这个问题，科学家们已经争论了非常长的时间。而后，这个重要性之争又略微平息了一段时间。慢慢地，人们发现上述两个原因对我们的影响同样巨大，相同的遗传性格特征可能会产生不同的结果，这要看孩子在日后的生活中体验到的到底是好的经历还是让他们受到伤害的经历。

假如你天生的性格属于激情澎湃的类型，那么你可以利用其站在舞台上，令台下的观众们与你一起欢呼兴奋；同样，你也可以利用这个性格将一秒钟以前才认识的人恣意地踩在脚下侮辱。

假如你从长辈那里继承了思维有逻辑的性格特征，那么你可以利用其开发有趣的电脑游戏，甚至能够让最懒惰的"沙发土豆"变成健身狂人。或者你也可以利用该性格特征变成网络黑客，侵害他人的利益。

同样的道理，对于那些来自父母双方甚至更多家庭成员都患有严重心理疾病或者怪异嗜好家庭的人，也不一定就会成为患有心理疾病的人。我一直致力于向这些人解释，如此的先天条件并不表示他们患上心理疾病的可能性比其他人更大，这仅仅表示，他们必须比其他人更加关心照顾自己的心理健康。

假如人们来到这个世界时并不是非常健康，或者比其他人更容易陷入绝望或患上其他的心理疾病，那么他们就应该相应地比其他人更加关注自己的心理上与身体上的健康。正如惯性酗酒者的孩子必须在饮酒这件事情上加以特别的注意，因为他们比其他人更容易陷入酗酒成性的泥潭。

特别是由于没有什么是命运中不可避免的事情，生命早期的帮助就显得越发重要。越早接受帮助，就能越早地加强自己的心理疾病免疫系统，免于使自己面临患上严重心理疾病的危险。

很长时间以来，一些大脑研究学者幻想着废除心理咨询这件事情。他们给出的原因就是，人类的情绪可以通过荷尔蒙以及其他的药物进行控制。

比如说，一点儿血清素再加一点儿催产素就能够帮助大家更好地建立社会联系，又或者一点儿普萘洛尔就能有效地控制先入为主的偏见……

问题是，事情并没有这么简单。比如说，现在人们普遍认为在治疗绝望厌世的心理患者时，心理咨询疗法与药物控制双管齐下的治疗方式最为有效，所以也会向绝大多数这类患者推荐该综合疗法。目前科学家们也试图分清，哪类患者能够更多地从心理咨询获益，而哪类患者又更能从药物治疗获益。

目前，科学家在人类耳朵上方的大脑中发现了一个叫作岛叶的区域。这个区域越是活跃，心理咨询的疗效就越是强于药物的疗效；如果这个区域不活跃，那么心理咨询疗法的效果就是相反的。心理患者与医疗保险应该都会对这个研究结果感兴趣，因为这将帮助心理患者们选择最佳的治疗手段，它既能够实现有针对性地治疗又能够减少不必要的花费。

除此以外，这项研究还证实了心理咨询并不是多余的。我认为这个观点非常令人伤感，并非仅仅因为我自己是一位心理咨询师。正如我们看到的，我们虽然给不同的心理与身体疾病划分了一定的重要特征，但是它们是否会爆发还极大地依赖于我们与自己身边人实际的依恋模式。

我认为下述观点既冷酷又饱含恶意的挖苦：心理咨询就是打一针、吃一颗药丸或者喷一下缓解情绪的喷雾，正确的治疗方法应该是制造机会让这些患者重新经历他们未能经历的生活。

对于那些应该接受这些治疗的患者们，对于那些想让自己的生活变好的患者们，用化学药物治疗代替其他可能的疗法是可怕的。因为有些东西是不能被代替的。当然，性高潮也能够通过自慰获得（作为反对性治疗所提出的反对意见），但是该方面的患者绝对不会说：既然性高潮可以这样简单地由自己控制，那么我们为什么还需要那么费力地接吻与选择伴侣呢？它们的结果都是一样的啊。

相信直觉

"真该死！为什么老师不在学校里教这些呢？"最近，我的一位患者在他的问诊时间里这样大喊道。

为什么我们对有关于潜意识与早年生活对自己的意义这方面的知识知之甚少？毕竟弗洛伊德在一百多年前就致力于研究这个问题，而他的研究结果在今天也早已不是什么秘密了。这并不是一个全新的科学领域。

也许其中的原因很可能与人们对心理学家以及心理咨询师的天然偏见不无联系吧？

专业杂志《今日心理学》在2012年2月的那一期就以《关于心理学家的刻板印象》为当期主要讨论话题，并且得出结论：这些刻板印象的来源并非心理学家与心理咨询师所做的研究工作，而是那些严重缺乏科学理论依据的偏见的广泛传播。

该文中引用了美国心理学家协会所做的一个有关于心理学家形象的大型调查研究的结果。虽然收回的调查问卷中有百分之八十二的人承认心理学研究改善了大多数人的生活，但是他们并不认为心理学是一门科学。

对于这样的结果，就我们心理学研究者而言，要么是选择性地接受，要么就只能用头不断地用力往桌面上撞了。我在大学学习心理学的第一个阶段中，学习的都是有关科学研究方法的内容，由于这个原因，我常常会想起我的一位中学数学老师。他曾经警告过我，仅仅是因为数学部分的内容，就会让我想要学习的专业变得非常困难。

说实话，很多学习心理学的学生看不起学习医学的学生，因为虽然医学生为了在日后的工作中不会被吓到而观察血液与尸体，但是他们学习的内容却不像心理学专业那样有那么多的数学。你必须相信我，心理学专业中有关科学研究方法的学习内容从学业开始一直贯穿至结束。

可惜的是，在前不久我把我大学期间的最后一本书扔到废纸回收站以后，我就不能在这里向你证明这一切了。否则我一定会在这里摘录半页长的一段，让你看看我们学习的数学是不是属于每个人都认为是非常难的范畴的。

如果有某项研究既缺乏科学的论证方法又存在逻辑的漏洞，

那么一定是心理学家做的。既然如此，大家怎么还能相信心理学研究对改善他们的生活有重要的意义呢？

在上面提到的那项美国调查研究的结果也显示，有超过三分之一的被调查者认为他们在生活中积累了足够的经验，自己遇到的问题只能自己忍受，没有心理学家能够帮助他们。

我想不出有哪个专业领域——至少是在传统手工艺专业以及被承认的医药专业领域——在面对该领域的问题时，可以自信地对外宣称，不需专业人士的建议。

如果你觉得我在这个问题上表现得有一些激动的话，那么你的感觉完全正确。我已经不是一次两次地遇到我的专业被质疑的情况了。每当看到有人在生活中忍受根本没有必要的痛苦，我就容易感到非常气愤。心理学对他们没有帮助以及心理治疗没有效果，这样的偏见不只存在于那些自以为对自己与自己的内心非常了解并且能幸福快乐地活到死的人们的观念里，遗憾的是，这样的观念也存在于那些在他们至今的生活中已经出现了心理问题并且急需医治的人（其数量占全部居民总数的三分之一到一半）的观念里。

你一点儿也不必惊讶总量这样大。著名的心理学家、医学家汉斯·乌尔里希·维特西也曾说过："人类的大脑是身体中最复杂的器官，它不像我们的心脏或者肠胃系统一样偶尔出出毛病，才是不可思议的事情呢。"

　　这涉及在平时的日常生活中被严重影响到的人，以至于他们产生了自杀的倾向。这些已经有过自杀尝试经历的人们，从来也没有进行过心理咨询，甚至根本没有进行心理咨询的想法。人们都知道，在治疗疾病方面，有着各种各样的专科医生，虽然有时候他们并不一定能帮你实现药到病除的愿望，但是他们必须接受前来问诊的病人。只不过，对很多人来说，即使心理疾病的症状已经显现，他们都没有想过去找心理咨询师寻求帮助。即使在心理咨询师那里，他们根本不必担心被打针或者进行手术。

　　如果人们能够相信统计结果而非口口相传的偏见就好了。莱比锡大学曾经领头做过一个对全世界一千名在最近六年时间内接受过心理治疗的病人的调查，结果显示：其中百分之八十九的被调查者对自己的心理治疗效果表示满意，甚至是非常满意。

　　德国的公立医疗保险负责报销许多种心理治疗的花费，因为他们知道，通过这样的方法，能够避免大量的由于心理问题而导致的身体疾病。如果不解决根本问题，那么治疗身体疾病所产生的需要报销的花费将更高。即便如此，作为心理咨询师，第一次来找我们进行心理咨询的患者依然经常是已经忍受了多年心理疾病折磨的人，有的甚至是已经患上了严重的慢性心理疾病。而且，要想让他们认识到导致问题变得严重的缘由在于他们自己对待自己的方式，并不是一件轻松的工作。

《今日心理学》在上述那篇文章中还提到了为什么大众选择无视心理学家以及心理咨询师显而易见的成功的原因。导致这个问题的原因就是，我们研究的问题，看起来似乎是每个人都明白的。

我的先生是一位核物理学家。每当有人问我，他正在研究什么的时候，我都要先尽力地将我所知道的关于该问题的内容讲上一大通，然后询问的人才会说：嗯，听起来真的是非常有意思。不过，我还是没有完全理解，他研究的到底是什么。由于我从来没有与物理学诺贝尔奖获得者聊过有关于此的话题，所以也从来没有人在我的解释之后问道：这有什么新鲜的？这些研究有什么新的方向吗？你说的我都听说过了。

从这个角度来看，物理学家们是幸运的。他们研究的对象不是那么小（原子），就是那么远（宇宙），人们都知道，这些都不是我们日常生活或者日常思考中能够接触到的对象。与之相反，心理学家研究的对象恰恰是我们在日常生活中常常见到的现象。这就导致非常多的人在看到心理学家的研究成果后，就会说，这些他们早就知道了。没有人会不好意思承认他们不能理解核物理学家的研究。但是，却没有人愿意承认他们不了解心理是如何工作的。

我还会反复经历这样令人惊讶的时刻：每当心理学家试图解释什么的时候，患者看起来就像是被惹怒的样子。就好像他们刚刚听到的是已经被解释了千百遍的、尽人皆知的道理一样。心理学家刚开始解释某一个问题时，对方就会立即表示——这个问题非常简单易懂。

当然了，心理学家总是把一切责任都推到童年跟父母的身上。患者们通常会这样回答："没有，我的童年跟父母都没有问题。""我就是不知道，我的问题到底是从哪里来的。"

《今日心理学》在上述那篇文章中还提到：人们经常把"知道一个现象"与"理解这个现象"相混淆。一个现象在我们的日常生活中出现得越是频繁，我们就越是以为自己对其非常了解，甚至是全面地了解。这也就导致了心理学研究结果的发表经常会被业余爱好者评价为：这又有什么新鲜的呢？关于这些结论我早就知道了！我交的税就是被用来做这些事情了？我早就说过，心理学家是再多余没有的了！

谁要是不相信我说的话，可以尽管亲自看一下《镜报在线》的网络论坛。只要那里有什么跟心理学有关的事情——哪怕仅仅只是沾上一点点边——就会有大量的人发表这样的言论。

1983年，加利福尼亚斯坦福大学的女性心理学家达法娜·巴拉茨在她的博士论文中对这个"心理学-全知道"的现象做了一个有趣的调查研究。她请大学在读的大学生们通读心理学研究论文。然后,她让这些大学生进行自我评测:自己到底距离他们所理解的健康状态有多大的距离。其调查结果显示,学生们全都认为自己是完全健康的。换句话说,学生们认为这些心理学研究结果根本是没有必要的、浪费经费的研究。

在这个调查中,有一个事先设计的小陷阱,那就是:学生们阅读到的研究结果恰恰是与真正的研究结果相反的。然而,即使如此,也依然没有改变他们对这些研究所表达的想法:没有什么新鲜的。这些我早就知道了。换句话说就是:无论心理学家发表什么研究结果(无论是带陷阱的还是用严谨的数学与统计学方法论证过的),人们都会想,他们早就知道这些了。

毋庸置疑,我们研究的很多问题都存在着大量不同的观点,很多我们身边的人每天都在经历它们。其中的一些人肯定已经讨论过心理学家的研究。通过这样的经历,我们友好又活跃的记忆告诉我们:关于这些问题的一切,我不是仅仅曾经听说过,而是一直以来都知道!

科学的方式是这样的:首先由科学家提出设想或者理论,然后他们的设想与理论必须被证明或者验证。对我们来说最有意思的是,那些至今只能算作是想法或者理论的部分终于要迎来能够证明它们的部分了。

　　将心理学家置于更加尴尬境地的是那些在非心理学专业杂志发表文章的记者们。当涉及事实的准确性时，他们工作的目标恰恰与科学家们的相反，其误差到底有多么大，要看记者们具体为哪家报纸写文章了。那些科学家们精益求精的部分，在记者们的笔下只是极其粗略地一带而过。对他们来说，最关键的是文章的标题一定要夺人眼球。这样就是你在报亭常常能看到的，例如"买下我效应"。

　　很多年以前，我看到过某份路边小报上一篇文章的标题《染发可以致癌》。我不赞成这种说法。对那些多年以来都不喜欢自己头发颜色的人来说，这样的表达方式有些带有人身攻击的性质了。那篇文章提到在试验中，许多动物通过染发剂而致癌。

　　让我觉得非常有趣的是，又过了许多年，我偶然读到了关于染发实验的另一篇文章。该文章的作者将当年实验中的数据再次计算后发现，那篇小报文章的标题说得非常正确。只不过，如果将用在老鼠身上的计量换算成一名成年女性的话，那么要达到可能致癌的剂量，她需要每天喝下八升染发剂。请你别再追问我他提到的剂量是不是每天八升了。可能是五升，也可能是十二升，那是太多年以前的事情了，我记不清楚了。不论具体的数字是多少，这个故事都告诉我们，要想让一个科学研究变得众人皆知，最关键的是必须让它听起来耸人听闻。至于报道中的真实性，那并不是一件太重要的事情。

至于心理学家的研究报道，人们可以相信它们是可靠的——因为通常来讲，这些研究都没有什么能够制造耸人听闻的报道的内容。

不过话说回来——绝大部分的接受过心理咨询的患者都对心理咨询感到满意，这样的结果绝对值得在报纸上公开报道，难道不是吗？不过，实验室小动物被毫无意义地毒杀听起来比患者对治疗感到满意要耸人听闻多了。

当然，心理咨询师并不能拯救每一个生活不幸的人。但是我们成功救助患者的概率是非常大的，特别是对那些感到绝望的患者。即使是这样，为什么依旧还有那么多的人——特别是男性——不能理所当然地及时前来向我们寻求帮助呢？

同样有这样的人，他们的观点是：当代人有一点儿小病小灾就跑去看医生。虽然如此，当代医学的作用就是为了大幅度提高我们的生活质量。我想，我们都知道为什么早年的人类并没有如我们一般高的生活质量。

"20世纪的人衰老得更快。"人们普遍这样认为。那些人的营养跟不上，每天还必须进行辛苦的体力劳作。这些当然没有错。不过在四百年前就有超过百岁的老人了。大多数我们早亡祖先们的死因都被我们归咎于当时不可医治的病症。而在今天，那些病症要么早已被彻底归类到可以被预防的，要么就是可以被治愈的。

让我们做一个关于大脑的小试验。请你设想一下，对那些与你关系最为紧密的人们来说，在四百年以前，谁能够活到他们现在的年龄。这个设想试验对于我来说是非常可怕的，因为在我的生活圈子中，没有人能够活到他们现在的年龄，也包括我自己。他们中有的人甚至不能活着来到这个世界上，一些则会在童年时期就被儿童疾病夺去生命，一些则不能从癌症中恢复，还有一些则早就失明了。

我们当然应该保持警惕的怀疑态度，当然也应该时时关注自己。当医药与心理治疗不能达到其应有的效果时，甚至当这些手段对患者产生损害的时候，我们必须加以阻止。但是这样的行为必须是基于事实的，而非是基于未经证实的偏见。没有人应该由于未能及时就医就必须忍受病痛甚至死亡。正如许多身体上的病症没有医生的治疗不能自愈一样，没有心理咨询师的帮助，心理上的疾病也不会自动痊愈。

我的很多女性患者都曾向我讲述过相同的经历。她们认识了一位充满爱心的男性。可是当她们向这些男性表达自己需要进行心理咨询的时候，这些男性都会给出同样的答案："现在你不再需要心理咨询了。现在你有我！"一般来说，当她们讲述到这里的时候，我会跟她们一起微笑，因为在那个时刻，即使是我的患者们也能明白一位有爱心的男朋友是不能够替代心理咨询师的。

女作家艾可·海德莱西没有孩子，却有很多只猫。她曾经这样被人问道，她的猫们是否能够取代自己孩子的位置。艾可·海德莱西回答道，假如她有孩子的话，那么孩子们也不足以替代猫的存在。

孩子们是美好的存在，猫也是美好的存在。只是一个美好的存在并不能替代另一个美好的存在。一个充满爱心的生活伴侣是美好的存在，一个智慧的、善解人意的心理咨询师也是美好的存在。然而，只是一个美好的存在并不能替代另一个美好的存在。

女士们有一个可爱的男朋友，两人有着和谐美满的性生活，但这并不表示女士们就再也不需要妇科医生了。因为妇科医生不只能够看到女士们隐秘的身体部位，而那里是她们的性伴侣不会去观察的地方，而且还能够知道自己接下来应该做什么。

从理论上来讲，心理咨询师跟妇科医生的作用是一样的。心理咨询师也会去看患者的生活伴侣不会去观察的地方（保持这样的状况同样也是非常好的）：他们的潜意识。而且心理咨询师也能知道自己接下来应该做些什么。

为了说明这一点，我再举最后一个患者的例子。

这是一位女患者的故事。她曾这样跟我讲，在那个星期，她又一次与自己强烈的自杀念头做了激烈的斗争。

最终到底是什么拯救了她，她已经不记得了。又过了一段时间，她想起了一个片段。至于为什么她能想起这个片段，是因为她乐于助人的潜意识将这段记忆送到她有意识的思维之中了。不论怎样，她想起了有一次自己在超市收银台前的经历。那是她午休的时间，她着急赶时间。她在超市里买了一车的食物，以便晚上不会饿肚子。这时候来了一个手里只拿着一样东西的男人，他一边对我的女患者说着："能不能让我先交钱？我赶时间。"一边就挤到她前边了。

我非常想知道这位女患者是如何处理当时的情况的。我能够想象到她会回答："当时我非常生气。"对于我的追问，她也的确能够回忆起当时的情况。排在她后边的人也对该男人表达了不满，因为他插队也等同于盗窃了他们的时间。而我的女患者到底是什么感觉呢？她只记得从那个时刻开始，自己的感觉越来越不好。她很生自己的气，因为在那个时候她没能鼓起勇气告诉那个男人，自己跟他一样赶时间，他应该像大家一样排队。

在她的印象里，这样的事情总是发生在自己的身上。在回去上班的路上，她不断地反问自己，到底是什么原因导致别人总把她当作最好欺负的那一个，以及当天的具体情形究竟是怎样的。

"可能他把我当成领失业救济金的人了。"她想，"他觉得，这个女人反正也没有什么事情做，我到她前边插队也没有什么关系。"

最后她得出结论，别人之所以会对她有那样的印象，就是因为她在前一段时间没有什么心情去理发店做个新发型，也没有什么心情买件新衣服。这个想法在那天剩下的时间里一遍又一遍地在她的脑海中浮现，而且每出现一遍就让她的心理更难受一些，直到最后，这种想法变成了：这个女人根本不应该在这个世界上活着。

本来是一件极小的事，却产生了巨大的影响，是不是很好笑？

其实不是。如果有什么事情能产生这么戏剧化的后果，那么其原因也一定是非常重要的。而我们能看到的部分只是巨大冰山上的一角。

在这里，有人把所有与愤怒有关的事件都直接输送到潜意识中。其速度之快，意识根本就跟不上。意识只能感受到跑过去后的一阵风，就像动画片里的人物跑过去，身后留下的几道黑色的线条。

　　我提到过，为了能够更准确地将其归类，我们需要为自己的感受找到合适的定义。假如人们只是孩子气地发脾气，大喊："你是坏蛋！"并再将其重复上好几百遍，那么这绝对是一个制造绝望的成年人的好方法。因为即使是成年以后，在遇到让他愤怒的事情时，他也不能够正确辨识出到底是什么让他愤怒。大多数情况下，他都意识不到自己的身体对此做出的反应。

　　人们并不想成为一个坏人。人们既不想成为一个坏孩子，也不想成为一个坏成人。人们都想被别人爱。可是，越是这样希望，这些愤怒的感受就越是都被直接谋杀或者被深埋在潜意识中被禁锢起来。

　　可是问题是，这样的忍耐并不能消除愤怒的感觉。愤怒还存在于我们的身体之中，久久不能散去。这就导致了愤怒的感觉在人们内心中越变越大。它会以各种各样的形式导致人们憎恨自己，最严重的就是自杀。

　　更严重的情况是，如果孩子有一个有严重绝望情绪并伴有自杀倾向的母亲的话，这样的情况对孩子来说简直就是灾难性的。因为面对这样的母亲，孩子们想的是自己最好一动也不要动，以免引起母亲的情绪爆发；又或者孩子有一个不能控制自己怒火的有暴力倾向的父亲，他对自己的情绪管理能力最多就像一个处于反抗期的两岁孩子。

　　拥有这样父母的孩子，他们很早就会在自己的潜意识里存储这样的信息：我不要变成这样的人。在以后的生活中，这样的孩子会时刻保持警惕，从不表达自己的愤怒。

　　对于这样的患者，心理咨询师的工作就是耐心地、谨慎地让他们愤怒的小火花燃烧起来，直到它们变成能够独立地在外面燃烧的小火苗。

　　你完全不必担心。通过这样的疗法，我们所生活的世界不会变得比它现在的样子更坏。这些心理疾病患者不会通过这样的疗法就变成惯于殴打其他人的暴力爱好者，也不会变成杀人犯。这样的疗法只是为了阻止他们再次产生自杀的冲动。

　　心理咨询师帮助这类患者将他们的注意力从感到愤怒的那一时刻转移。随着练习次数的增多与练习时间的增加，患者们会感到自己愤怒的时间点与让他们愤怒发生的时间点之间的时间距离会慢慢缩小。最开始的时候，患者可能会在感到身体不适几天后才找出到底是在哪个特殊时间发生的事情引起了他们的愤怒。

　　慢慢地，患者们仅在事发一天后或者当他们独自一人的时候就能感到自己的愤怒了。人们要想自由地掌握这种感觉需要很长的时间，这就跟学习一门新语言一样。在比较麻烦的情况下，这个学习的过程会需要更长的时间，直到患者们能够自发地想到：今天我的感觉非常不好——到底是谁惹我生气了？

　　帮助心理咨询师了解患者的是患者本能的反应，它们都是直接从潜意识来的。最早的心理咨询师用的就是这个方法，为的是鼓励患者们在不加思考的情况下就能说出他们到底做了什么并非出自本源的事情，或者做了什么样的梦。即便在今天，心理咨询师也依然在使用这个方法，只是加入了一些新改进的部分。即使是我，也常常问那些倾向于认为他们做了错误决定（或者是那些倾向于做出伤害自己决定的，就如上文中的那位在超市排队付钱的女士）的患者：当时，你的第一个本能反应是什么。

　　实际上，他们几乎都能回忆起当时发生的事件，即使距离那件事情的发生已经有几天的时间了。人们也可以这样认为，潜意识——我不能直接接触到的部分，是如此友善与乐于助人，能够帮助人们再次回忆起遗忘的部分。在那个在超市排队付钱的女士的案例中，她的第一本能反应就是气愤。倘若她能够听从自己的感受，那么非常简单，她只需拒绝那个男人的要求就好了。

　　心理咨询师的工作就是找出人们选择不去拒绝的原因。通过训练，人们会在面对这样的事件时，对自己本能的第一感受更加敏感，能够更加迅速地捕捉自己的感受，并能立即做出新的决定。达到这个目的的前提条件是，确定为什么患者在如此长的时间里不被允许拒绝。其原因不外乎是，那个时候患者还年幼，必须依赖他们的父母生活，而他们的父母不允许他们拒绝。

在成年以后，人们就会忘记自己也是有自我意志的人，变成一个被当年的父母画地为牢的囚犯。这样的情形并不会影响人们的日常生活，直到症状爆发——在本案例中就是绝望——它们所显示的是，人们在幼年所学习到的东西将潜意识中的本能反应杀死了。

假如患者与某个在过去不断伤害他的人保持长时间的联系——比如说，在伊尔丝姨妈的大型生日聚会上，她一定会问你为什么到现在还没有结婚，也没有生小孩。在这样的情况下，我会建议患者这样做：在事情发生后，找一个独处的时间——比如说，上厕所的时候——安静地问问自己，现在自己的感觉是什么样的？这样做是给自己一个机会，在第二天看到发炎的伤口以抑郁的思想形式折磨我们之前，尽早地发现坏心眼的伊尔丝姨妈是否在我们的肉里面插了一根刺。仅仅是能够思考——她是不是又惹我生气了，这个老巫婆——就已经可以帮助患者释放出部分的怒火了。因为这样的话，完全不必草草地离开生日聚会，人们可以回到生日聚会现场，把那个大奶油生日蛋糕直接扔在伊尔丝姨妈的脸上。

　　上面所讲的也正是对潜意识根本的整合与些微的改变之间的区别，这也正是向心理咨询师寻求帮助与向充满爱心的男朋友寻求帮助的区别。一般来说，在这方面，男朋友不能提供什么有用的帮助。虽然他一定能够给予安慰，同仇敌忾地责骂那个不考虑别人的插队的男人；或者给出类似不要允许所有伤害你自己的事情发生的建议。但是在这些帮助中，没有一样能够改变什么。

　　还有一种混淆心理咨询的情况。一些有心理咨询需求的人前来问诊，却完全不知道自己在咨询时间里都说了什么！心理医生比我们忍受的状况还要严重。有一些非常严重的心理障碍，以至于只有通过药物控制才能达到有效的治疗效果。患者也需要比以前更早、花费更多的时间对其心理障碍进行治疗。在这类患者中，几乎没有还能够理智思考的，他们常见的想法是："你的状态还不错，为什么还需要继续吃药呢？这可不是正常的想法！这一定有可怕的副作用！"

　　然后他们会自己减少药的剂量，最晚几个星期以后，他们又会陷入相同的困境。之前人们正是费了九牛二虎之力才将他们从同样的困境中拯救出来，然而不久之后，他们又会坐到心理医生的诊室里。

你设想一下，没有人会对糖尿病人说："你为什么还在注射胰岛素？你有我在啊。"

当然，我并非想通过这个例子说明每个医生都永远清楚地知道自己在做什么。我们也常常接到由家庭医生向我们转送来的患者，而在转送之前，他们一个字也没有向患者解释过心理咨询到底是什么。

对刚开始接受心理咨询的患者来说，本能的反应总是保守的。我们的潜意识虽然工作得非常勤奋而且极其聪明，但是它们也常常是一成不变的。特别是当一个系统错误需要被改正的时候，它们需要有领导者给他们新的想法。潜意识自身会想，这不会改变什么的。因为由一个外面的人来改变我们，只会让事情变得更加糟糕。我们最好还是再等等，看这些问题会不会自己消失。

有时候，当一个工作系统一直按照同一套规则工作时，做出改变的确非常不容易。这时候，就需要有一个严厉的领导者，他会对那些工作人员发出命令："不，我们已经自己想了足够长时间的办法了，现在是时候请教外援了。"

属于安全-稳定型依恋的人有他人值得信赖的经验。只是属于安全-稳定依恋的人几乎不需要心理咨询师的帮助。属于其余依恋模式的人都能够在心理咨询师的帮助下填补自己当年所欠缺的安全-稳定型依恋的体验。可是有意思的事情是，当这些欠缺安全-稳定型依恋经验的人想要有自己孩子的时候，他们期望能够给孩子们一个健康稳定的潜意识，可是由于不信任别人的天性，不相信心理咨询师能够在这一方面给予他们帮助，他们对心理咨询师所抱有的怀疑就好像是天经地义的一样。

向心理咨询师前来问诊的患者主要是通过心理治疗手段清除有意识的思维与潜意识之间的误解来解决自己的问题的。这些患者不但不相信自己的潜意识，而且还人为地压制自己的本能反应。潜意识当然不欣赏这样的做法，因为它的任务是让我们能够健康地生活，它知道，要是一直持续这样的生活，我们一定会生病的。

我们必须相信从远古以来就一直陪伴我们的保护我们的潜意识，而非那些曾经被强迫学习的、扭曲天性的规则。

假如你是一个好奇的人，你一定会对你的潜意识为你提供的帮助、它的创造力以及其自身所带有的治愈力而欣喜。

假如你是一位对在你内心中工作的工作人员和蔼可亲的领导，你一定会严肃认真地对待他们向你反馈的信息，不会无视这些信息，而且绝对不会辱骂他们是恶魔。

因为在绝大多数的情况下，他们要比我们自己聪明得多。

致谢

　　我要感谢阅读本书草稿的读者们：依娜丝·库比、安娜·迪特里希、薇欧拉·迪欧斯基·克劳斯博士、安吉利卡·克莱默尔、桑德拉·路德、库里斯多夫·路德、安德里亚斯·提姆博士以及萨比娜·瓦萨曼。感谢提姆所提供的意见、鼓励、批评以及所做的文字上的润色。

　　我还要感谢文学出版社AVA的工作团队以及海涅出版社，是他们在这个项目上给了我巨大的支持与帮助。这个项目能够取得成功，他们发挥了重要的作用。

　　我还要特别感谢我的编辑安吉利卡·李珂。

　　我还要隆重感谢我的患者们——是他们允许我陪伴他们在他们的潜意识中"探险"。